CONCESSÃO DE SERVIÇO PÚBLICO E AGÊNCIA REGULADORA

Noções Básicas

Reinaldo Oliveira

CONCESSÃO DE SERVIÇO PÚBLICO E AGÊNCIA REGULADORA

Noções Básicas

Cuiabá, MT
Edição Autor
2019

Contato com o autor pode ser feito pelo e-mail:
reicarlo@zipmail.com.br.

CIP-Brasil Catalogação na Publicação
Ficha Catalográfica feita pelo autor

O48c

Oliveira, Reinaldo

CONCESSÃO DE SERVIÇO PÚBLICO E AGÊNCIA REGULADORA: Noções Básicas / Reinaldo Oliveira. Cuiabá, MT: Edição Autor. 112 p.; 21 cm.

ISBN 978-65-901200-3-8

1. Direito administrativo. 2. Poder Executivo. 3. Administração pública. 4. Serviço público. 5. Concessão. 6. Parceria público-privada. 7. Concessão patrocinada. 8. Concessão administrativa. 9. Agência reguladora. I. Título.

CDD 341.32
CDU 342.9(81)

SUMÁRIO

Introdução 7

Capítulo 1 - Alguns aspectos históricos da concessão de serviço público 10

1.1 - Características do contrato de concessão de serviço público 15

1.1.1 - Administração Pública concedente 17

1.1.2 - Concessionária 19

1.1.3 - Usuários do serviço público concedido 20

1.2 - Equilíbrio econômico-financeiro do contrato 22

1.3 - Duração da concessão de serviço público 26

1.4 - Subcontratação, subconcessão, transferência de concessão ou de controle societário e assunção do controle ou da administração temporária 28

1.5 - Intervenção na concessão de serviço público 33

1.6 - Extinção da concessão de serviço público 35

1.6.1 - Término do termo contratual 36

1.6.2 - Encampação 37

1.6.3 - Caducidade 38

1.6.4 - Rescisão 39

1.6.5 - Anulação 40

1.6.6 - Falência ou extinção da empresa concessionária e falecimento ou incapacidade do titular da empresa individual 41

Capítulo 2 - Parceria público-privada 42

2.1 - Concessão patrocinada 45

2.2 - Concessão administrativa 46

2.3 - Garantias na parceria público-privada 47

2.4 - Fundo garantidor de parcerias público-privadas 50

2.5 - Sociedade de propósito específico 54
2.6 - Licitação prévia à parceria público privada 56
2.7 - Características do contrato de parceria público-privada 61
2.8 - Disposições legais aplicáveis apenas à União 67
Capítulo 3 - Agência reguladora de serviço público 70
3.1 - Algumas características da agência reguladora de serviço público 71
3.2 - Poder normativo da agência reguladora de serviço público 84
3.3 - Controle da agência reguladora de serviço público 87
3.3.1 - Controle administrativo interno 91
3.3.2 - Controle administrativo externo 92
3.3.2.1 - Controle pelo Tribunal de Contas 93
3.3.2.2 - Controle pelo Ministério Público 94
3.3.2.3 - Controle social 95
3.3.2.4 - Controle pelo Poder Legislativo 102
3.3.2.5 - Controle pelo Poder Judiciário 103
Conclusão 106
Referências bibliográficas 109

INTRODUÇÃO

O presente trabalho tem como objetivo mostrar de maneira breve em três capítulos noções básicas sobre a concessão de serviço público comum de trata a Lei nº 8.987/1995 com alterações posteriores, a parceria público-privada instituída pela Lei nº 11.079/2004 que engloba a concessão patrocinada e a concessão administrativa, bem como a agência reguladora de serviço público prevista na Lei nº 13.848/2019 e demais leis pertinentes.

Em geral, ao criar determinado serviço público de caráter empresarial com o intuito de explorá-lo de forma exclusiva, a Administração Pública não querendo assumir o encargo da respectiva gestão poderá, se a lei autorizar, encarregar a entidade de direito privado ou público essa gestão por conta própria, mediante ato jurídico pelo qual transfira temporariamente o exercício dos direitos e poderes necessários e imponha as obrigações e deveres correspondentes.

Surge daí a concessão de serviço público que é a transferência temporária ou resolúvel por uma pessoa coletiva de direito público de poderes que lhe competem a entidade privada ou pública a fim de que esta execute serviços por sua conta e risco, preservando o interesse público.

Somente as atividades próprias do chamado campo da ação social do Estado, que comportam especulação lucrativa e admite retribuição direta e não existe coação sobre os administrados, podem ser consideradas para estabelecer a concessão de serviço público.

A concessão de serviço público é uma forma de prestação direta do serviço público, que a Administração Pública usa para evitar alguns inconvenientes da prestação direta, tais como: criar serviços públicos novos, libertar a Administração Pública da gestão ruinosa de serviços existentes e aproveitar os benefícios da iniciativa privada dentro da disciplina do interesse público.

Inicialmente o primeiro capítulo busca desenvolver algumas noções de concessão de serviço público comum mostrando o seu histórico, algumas características do contrato de concessão e definições de Administração Pública concedente, concessionária e usuários do serviço público concedido.

Da mesma forma, será mostrado o equilíbrio econômico-financeiro do contrato, duração da concessão, subcontratação, subconcessão, transferência de concessão ou de controle societário, assunção do controle ou da administração temporária da concessionária, intervenção na concessão e as formas de extinção da concessão de serviço público.

A concessão de serviço público comum é a delegação de serviço público por pessoa de direito público a entidade de direito privado objetivando a realização dos investimentos imprescindíveis à melhoria da prestação do serviço público, na qual a cobrança de tarifa dos usuários do serviço constitui na única forma de remuneração da empresa concessionária.

O segundo capítulo mostra a parceria público-privada nas modalidades de concessão patrocinada e administrativa, garantias na parceria público-privada, fundo garantidor de parcerias e sociedade de propósito específico. Além disso, mostra também a licitação prévia à parceria, características do contrato parceria público-privada e as disposições legais relacionadas à parceria aplicáveis apenas à União.

A parceria público-privada abarca a concessão patrocinada que é a concessão de serviços públicos ou de obras públicas envolvendo a cobrança de tarifa dos usuários do serviço complementada por contraprestação pecuniária do parceiro público ao parceiro privado. Já a concessão administrativa é a prestação de serviços envolvendo ou não execução de obra ou fornecimento e instalação de bens em que a Administração Pública seja a usuária direta ou indireta.

No terceiro capítulo mostra a autarquia especial denominada agência reguladora de serviço público, revelando algumas das suas características, seu poder normativo e as diversas formas de controle a que ela está submetida.

A agência reguladora de serviço público é a autarquia especial que regula, organiza e fiscaliza o serviço público concedido, objetivando o equilíbrio e a harmonia das ações entre a Administração Pública, as concessionárias ou parceiras privadas e os usuários dos serviços públicos prestados. Cabe a ela as funções típicas de poder concedente visando garantir o direito do usuário de receber a prestação de serviço público de qualidade e eficiente, mediante o pagamento de tarifa módica.

Capítulo 1

ALGUNS ASPECTOS HISTÓRICOS DA CONCESSÃO DE SERVIÇO PÚBLICO

Tem-se notícia que do século VI ao século III antes de Cristo as então existentes cidades-Estados da Grécia entregavam algumas das suas tarefas para serem desempenhadas por cidadãos que eram retribuídos monetariamente pelos serviços que prestavam e repassavam uma parte da renda percebida para os agentes públicos.

Posteriormente, em Roma já no século II antes de Cristo ao século IV depois de Cristo a figura da concessão mesmo com contornos rudimentares era conhecida e usada para a atribuição de terras públicas a particulares mediante o pagamento de renda e a entrega da cobrança de impostos aos publicanos ou sociedade de publicanos que retiravam para si parte dos valores dos impostos cobrados.

Nos séculos V ao XV, por meio das concessões reais e senhoriais se transferia a vassalos a exploração de minas ou administração de feudos pertencentes aos reis e senhores feudais em troca de terras ou rendas. Na ocasião os reis e senhores feudais (concedentes) conservavam os poderes de gerenciar a execução dos contratos, fiscalizá-los e rescindir a concessão em alguns casos, sem que houvesse falhas na prestação dos serviços por parte dos vassalos (concessionários). Já estes últimos detinham totalmente ou parcialmente os poderes do senhor sobre os subordinados, respeitando, porém, os direitos de terceiros.

A partir do século XV teve início o surgimento da centralização de poder com a incorporação de diversos direitos no setor público. Uma pequena parte desses direitos era repassada de forma graciosa pelo governante a particulares. Colocando-os como beneficiários de vantagens ou favores. Em razão disso, se diz que o surgimento da concessão se vincula historicamente à ideia de gratuidade.

Apesar da concessão passar a ser usada dissociada da noção de favor no século XVI, durante o período do absolutismo ocorrido entre os séculos XVI e XVIII continuou a ser usada como ação benevolente do rei que implicava na cedência de regalias e transgressão de legislação vigente. Era o que ocorria na venda de cargos públicos com a transferência das prerrogativas e privilégios inerentes aos mesmos.

Até o século XVII, os concessionários ficavam à mercê da Administração Pública nas concessões, pois as garantias dadas a eles eram mínimas. A partir do século XVIII em diante as garantias dos concessionários nos contratos de concessão foram ampliadas, pois tinham, entre outras, direito a indenização quando a culpa no cumprimento do contrato era da Administração Pública, rescisão unilateral sem sua culpa na ocorrência de situações imprevistas e aumento dos seus encargos inicialmente previstos.

A partir do século XIX, a concessão de serviço público já existia com o significado que tem atualmente. Era utilizada na prestação de serviços que a Administração Pública não possuía recursos financeiros para investir, posto que, exigiam vultuosos investimentos. Recaía preferencialmente em serviços relacionados com transporte ferroviário, abastecimento de gás, energia elétrica e água, entre outros.

No Brasil, a concessão nasceu como um mecanismo para atrair tecnologia e investimento estrangeiro e nacional em meados do século XIX. Inicialmente adotou-se a concessão de obra pública com contrato de longo prazo, na qual o concessionário investia na execução do empreendimento para depois explorar o serviço obtendo a amortização do investimento que realizou e recompensa remuneratória. Isso contribuiu para construção e expansão de ferrovias (Decreto nº 641/1852), propiciou a introdução dos serviços de água, gás, energia elétrica, transportes coletivos e telefonia, bem como o desenvolvimento dos serviços portuários.

Os investidores concessionários tinham como garantia e eram estimulados na implantação de mercados por contratos de prazo longo. Já a economia dos contratos era amparada pela segurança de que sobre o capital investido incidiria juros mínimos ou da incidência sobre os mesmos da cláusula ouro.

Na década de vinte do século XX iniciou-se o procedimento descentralizador da Administração Pública brasileira, quando a execução dos serviços públicos foi transferida para as autarquias criadas para tal finalidade. A partir de 1930, a descentralização estatal passou a incidir sobre empreendimentos comerciais e industriais através da concessão dos mesmos a entidades privadas nacionais e internacionais, visando estimular o desenvolvimento da economia nacional utilizando-se o investimento privado.

A estrutura das tarifas das concessionárias foi alterada de maneira considerável com o surgimento do Decreto nº 23.501/1933, que anulou as estipulações em ouro e a Constituição Federal brasileira de 1934 que no seu artigo 142 proibiu a garantia de juro mínimo incidente sobre o capital investido. Isso diminuiu o interesse das empresas privadas na contratação com a Administração Pública, o que contribuiu para o início do declínio na utilização do instituto da concessão de serviço público.

Após a segunda guerra mundial, com o surgimento das instabilidades econômicas ampliou-se o declínio do uso das concessões e a Administração Pública brasileira passou a optar pela estatização das atividades que até então eram concedidas ao setor privado, mediante a criação de sociedades de economia mista e empresas públicas. Essas empresas sob controle estatal com o intuito de garantir o crescimento econômico, absorveram as atividades que outrora eram objeto de concessões outorgadas ao setor privado.

Na década de 1980, sob o argumento da ineficiência da Administração Pública no oferecimento dos serviços públicos essenciais e que a mesma não possuía os volumes enormes de recursos financeiros necessários para investir, ressurge o interesse pela concessão de serviço público. Com isso, inicia-se o processo de desestatização com a consequente privatização estratégica das empresas estatais de telefonia, ferrovia e eletricidade, o que ocorreu com mais ênfase no período de 1995 a 2000.

Embora nas Constituições Federais de 1934 (artigo 137), 1946 (artigo 152), 1967 (artigo 160), Emenda Constitucional nº 01/1969 (artigo 167) e 1988 (artigo 175) estivesse previsto a edição de lei dispondo sobre o regime de prestação de serviço público sob a forma de concessão, somente após mais de seis anos do advento dessa última, em 1995 foi editada a Lei nº 8.987/1995 que dispõe sobre o regime de concessão da prestação de serviços públicos e logo em seguida a Lei nº 9.074/1995 que estabeleceu as normas para outorga e prorrogações das concessões de serviços públicos. Até o advento da Lei nº 8.987/1995, nas formalizações das concessões de serviços públicos era aplicada as disposições da Lei nº 8.666/1993, que estabeleceu as normas gerais sobre as licitações e contratos administrativos.

Como lei geral das concessões, a Lei nº 8.987/95 com alterações posteriores dispõe sobre as duas modalidades de concessões comuns de serviços públicos, definindo a concessão de serviço público e a precedida de obra pública. Após o seu aparecimento, surgiram normas setoriais regulando a concessão de serviços públicos específicos, como a Lei 9.427/1996 que criou a agência nacional de energia elétrica e a Lei nº 9.472/1996 que dispôs sobre a organização dos serviços de telecomunicações, bem como a Lei nº 11.079/2004 que instituiu normas gerais para licitação e contratação de parceria público-privada, referindo-se à concessão especial de serviços públicos nas modalidades de concessão patrocinada e administrativa.

1.1 - CARACTERÍSTICAS DO CONTRATO DE CONCESSÃO DE SERVIÇO PÚBLICO

A concessão de serviço público de que trata a Lei nº 8.987/1995 é uma maneira de execução do serviço público através de contrato de direito administrativo, oneroso, sinalagmático, comutativo e realizado *intuitu personae*, pelo qual a Administração Pública, mediante prévia licitação na modalidade de concorrência, transfere ao particular a tarefa de executar determinado serviço público por sua conta e risco, mediante regular remuneração por tarifas que receberá das pessoas que usam o serviço público.

O contrato de concessão de serviço público está sujeito a todas as imposições da Administração Pública para a sua formalização, uma vez que, depende de lei que autorize, delimite sua amplitude e de regulamento que estabeleça as condições de execução do serviço. É um contrato tipicamente administrativo, pelos seus elementos e requisitos, que vão da Administração Pública concedente à concessionária e aos usuários, categorizando a figura pelas relações e obrigações ajustadas.

Com efeito, embora a concessão de serviço público tenha as características idênticas às dos outros contratos administrativos, trata-se uma espécie de acordo efetuado entre a Administração Pública e entidades privadas com cláusulas que garantam à concedente a alteração e extinção do acordo por sua vontade unilateral em benefício do interesse público, sem prejudicar o interesse patrimonial da concessionária, a fiscalização da execução do serviço público e aplicação das sanções legais pertinentes.

Dessa forma, o contrato de concessão de serviço público é por força do interesse público motivante, transferido para o particular, não desobriga a Administração Pública de compromissos com os usuários, pois a tutela, quando motivada, destina-se não a proteger a pessoa prestadora dos serviços, mas resguardar quem paga e deles se utiliza ou é servido. A finalidade da concessão não é servir concessionárias, mas o público a quem o serviço é prestado.

A Administração Pública concedente conserva poderes de vigilância e de defesa do interesse público: é que, na origem, a concessão concedida continua a pertencer-lhe. Já a concessionária não pode pretender nada que não esteja expressamente concedido nas cláusulas do contrato, não podendo diminuir nem aumentar os favores e direitos concedidos quanto à substância dos mesmos.

O contrato de concessão de serviço público é sempre formalizado para o serviço inerente às atribuições específicas da Administração Pública que transfere ao particular apenas e tão somente a sua execução. A sua outorga tem como regra a inexistência de exclusividade, de forma que assegure aos usuários, quando houver viabilidade técnica e econômica para a prestação do serviço, o direito de liberdade de escolha de quem quer receber a prestação do serviço.

Na concessão de serviço público, a concessionária executa o serviço no seu nome próprio e assume os riscos inerentes ao empreendimento, sem alteração da técnica essencial empregada na prestação do serviço, bem como o equilíbrio financeiro imprescindível ao desempenho dos serviços concedidos. Por sua vez, a Administração Pública desloca a execução do serviço para o particular, mas continua a dispor do serviço concedido, podendo reavê-lo quando quiser.

O contrato de concessão de serviço público possui características próprias, pois intenciona conciliar o interesse público representado e amparado pela Administração Pública e a ânsia por lucros da entidade privada, equilibrando, assim, os dois interesses tidos como antagônicos. Dessa forma, a concessão de serviço público abrange e concilia o interesse da Administração Pública, da entidade privada prestadora do serviço e dos usuários dos serviços públicos.

1.1.1 - ADMINISTRAÇÃO PÚBLICA CONCEDENTE

É a pessoa coletiva de direito público (União, Estado-membro, Distrito Federal ou Município), que tem o poder de conceder um serviço público conferido por lei. O texto de lei que fixa o poder de conceder o serviço público aponta também o órgão ou órgãos da pessoa de direito público que exercerão tais poderes. A regra geral deflui da própria natureza do serviço, que pode ser nacional, intervindo nesse caso, órgãos de administração federal, ou local, intervindo em princípio, órgãos descentralizados, mais próximos do serviço público concedido.

Há serviços que dizem respeito a todo o território nacional, outros comuns a vários Estados membros, outros ainda, a muitos Municípios confinantes. São serviços públicos de índole ampla, que ultrapassam as necessidades locais, interessando a grande número de habitantes e envolvendo inúmeras pessoas jurídicas de direito público. Por outro lado, há serviços tipicamente estaduais ou essencialmente municipais. Por isso, cada pessoa de direito público de âmbito territorial é competente para outorgar concessão aos particulares, ressalvados os direitos da União de legislar sobre o assunto, em suas linhas mestras.

Embora continue a ser a titular dos poderes relativos à organização e à gestão do serviço concedido, a Administração Pública concedente transfere o seu exercício para a concessionária. Ela não pode renunciar à faculdade de regulamentar e de fiscalizar o funcionamento do serviço a fim de assegurar de que a concessionária mantenha íntegros os seus caracteres essenciais.

A Administração Pública concedente conserva o poder de elaborar regulamentos de serviços sobre tudo aquilo que não diz respeito à simples vida interna da empresa concessionária, nomeadamente, sobre tudo quanto se refira à utilização do serviço pelo público. Para tanto, acompanhará diretamente as atividades desenvolvidas pela concessionária. Pois, cabe a ela a faculdade de assegurar a regularidade, a continuidade e a comodidade das prestações, bem como zelar pela sua atualização nos termos geralmente exigidos para os serviços públicos.

Nenhuma cláusula contratual pode tirar da Administração Pública concedente o seu direito de impor suas soluções, porque o princípio é de ordem pública e ela não pode renunciar a essa faculdade inerente à sua própria condição de tutelar do interesse público. Assim, pelo fato da concessão de serviço público visar a melhor forma possível de atendimento do interesse público, a Administração Pública concedente dispõe de todos os mecanismos indispensáveis para ajusta-la na consecução desse objetivo.

1.1.2 - CONCESSIONÁRIA

É a pessoa jurídica ou consórcio de empresas que recebe o encargo de executar o serviço público concedido, sendo necessário para tal que preencha os requisitos legais e ofereça as garantias de idoneidade indispensáveis. Tem a sua situação jurídica definida por contrato administrativo, adquirindo direitos oponíveis à Administração Pública concedente e a terceiros e recebe poderes para exercer na execução do serviço.

A concessionária, pessoa jurídica de direito privado, tem sobre os ombros a responsabilidade de executar um serviço público e para isso precisa ser detentora de uma série de poderes e privilégios jurídicos típicos do direito público, indispensáveis ao integral e perfeito exercício das novas atividades. Pode, por exemplo, receber da Administração Pública a faculdade de desapropriar os imóveis indispensáveis à execução dos serviços, desde que esta seja decretada regularmente pela autoridade competente e conste nos contratos de concessão.

Muitas vezes a concessionária de serviço público precisa utilizar os bens constitutivos do domínio público para fins relacionados com o objeto da concessão. A utilização dos bens do domínio público pela concessionária pode estar prevista de forma explícita no contrato de concessão, mas mesmo que não esteja deve-se tê-la de acordo com a natureza do serviço concedido, a menos que sobre o assunto alguma restrição seja estipulada.

Na prestação do serviço público concedido, a concessionária é obrigada prestar serviço público adequado ao pleno atendimento dos usuários, satisfazendo os requisitos legais e contratuais de eficiência, cortesia, segurança, atualidade, regularidade, continuidade, generalidade e modicidade de tarifa.

Ao habilitar-se na prestação do serviço público concedido, a concessionária assume todos os riscos inerentes à exploração da atividade econômica do empreendimento empresarial. Tem como remuneração, em regra, a tarifa cobrada dos usuários do serviço público, bem como o equilíbrio econômico-financeiro do contrato de concessão com o objetivo de igualar os encargos da execução à justa remuneração pelo serviço prestado.

Atendendo às particularidades do serviço público concedido e estando previstas no edital de licitação, a Administração Pública concedente poderá possibilitar à concessionária a busca de outras fontes provenientes de receitas alternativas, complementares, acessórias ou de projetos associados à prestação do serviço público, com vistas a favorecer a modicidade das tarifas.

1.1.3 - USUÁRIOS DO SERVIÇO PÚBLICO CONCEDIDO

São as pessoas que utilizam serviços públicos, beneficiando-se deles. A Administração Pública deve facultar a todos os cidadãos a prestação do serviço público, repartido de maneira igual a todos quantos preencham determinadas condições indispensáveis para a utilização do benefício e fixadas em regulamento. Uma vez preenchidas as exigências, pagas as tarifas fixadas, tem a Administração Pública o dever de providenciar as prestações solicitadas. Ao ser concedido o serviço por intermédio da formalização do contrato de concessão, o interesse público na sua prestação desloca-se para a pessoa do usuário.

Se o objetivo geral e permanente da concessão é a prestação do serviço público, ele se decompõe em situações individuais, na medida em que os usuários se valem das prestações administrativas postas à sua disposição. Baseando no preceito de que os serviços públicos e de utilidade pública não admitem discriminações ou privilégios entre os pretendentes à sua utilização, é necessário que o contrato de concessão assegure os direitos do usuário através de cláusulas em seu favor, para que possa exigir da concessionária a eficiente e pronta prestação dos serviços a que ela se obrigou.

Com efeito, os usuários do serviço público concedido possuem o direito de receber o serviço adequado com regularidade, continuidade, universalidade, eficiência, cortesia e modicidade da tarifa. Podendo, inclusive, exigi-lo judicialmente, caso seja necessário. Ademais, possuem o direito de adquirir e utilizar o serviço público com liberdade de escolha entre vários prestadores do serviço, quando for o caso.

Por fim, o usuário tem a obrigação de levar ao conhecimento da Administração Pública concedente e da concessionária as irregularidades referentes ao serviço prestado que tenha conhecimento, bem como comunicar às autoridades competentes os atos ilícitos praticados pela concessionária na prestação do serviço. Além disso, a colaboração do usuário do serviço público concedido para a melhoria do serviço é indispensável. Dessa forma, cabe à Administração Pública a incumbência de estimular a criação de associações de usuários para defesa de interesses relativos ao serviço concedido.

1.2 - EQUILÍBRIO ECONÔMICO-FINANCEIRO DO CONTRATO

Na concessão de serviço público existem os riscos ordinários e os extraordinários. Os riscos ordinários que estão relacionados com a própria gerência da execução do serviço e aqueles que foram previstos e considerados pelas partes contratantes na efetivação do acordo são atribuídos à concessionária, enquanto que a Administração Pública concedente responsabiliza-se pelos riscos extraordinários que sejam decorrentes de seu desempenho na busca do melhor atendimento do interesse público ou aqueles oriundos de ocorrências imprevisíveis que são impossíveis de serem consideradas por ocasião da formalização do contrato de concessão.

A noção de equilíbrio econômico-financeiro dos contratos de concessão de serviço público tem origem na necessidade da estabilidade das relações contratuais e no interesse público quando consagrou obrigações. É a garantia dada à concessionária durante a concessão do serviço público de que a equação econômico-financeira ajustada no início do contrato será mantida, cabendo à Administração Pública o dever de preservá-la.

O equilíbrio econômico-financeiro dos contratos de concessão de serviço público tem como objetivo manter o equilíbrio entre os encargos e as vantagens ajustadas no início do contrato, pela aplicação da teoria da imprevisão ou nos casos em que o interesse público motivar a alteração unilateral do contrato pela Administração Pública. Restaurando dessa forma a equivalência entre a prestação do serviço e a remuneração recebida. Parte do pressuposto de que aquilo que foi pactuado inicialmente entre os encargos e as vantagens da concessionária representa a proposta mais adequada para execução do serviço público concedido, tanto para a Administração Pública concedente quanto para a empresa prestadora do serviço.

Sempre que a Administração Pública modificar unilateralmente os encargos da concessionária, deverá compensar mediante a revisão de tarifa ou de outras fontes provenientes de receitas alternativas, complementares, acessórias ou de projetos associados o abalo da parte econômica da concessão. As tarifas devem, contudo, corresponder ao critério da razoabilidade visando de um lado a defesa dos usuários e de outro a estabilidade financeira da concessionária.

A fixação das tarifas representa, no estudo dos contratos de concessão, um elemento instável, variável, sujeito a modificações de acordo com as condições em que os serviços são prestados. Não basta a simples verificação do capital empatado do serviço e o cálculo dos juros razoáveis sobre este capital. Deve-se levar em conta também a depreciação do material, equipamentos e da instalação, que devem ser devidamente compensadas pelo preço das tarifas. Estes preços devem atender também às necessidades de expansão e melhoramento do serviço, contribuindo para a atração de novos capitais.

A tarifa dos serviços públicos concedidos desempenha uma dupla função: nas relações entre a concessionária e os usuários, a de regular o preço das prestações do serviço; nas relações entre a Administração Pública concedente e a concessionária, a de regular os termos em que aquela consente a esta a remuneração de sua iniciativa e dos seus capitais. Sua fixação não decorre apenas da maior ou menor acessibilidade das prestações aos usuários ou o cumprimento mais ou menos perfeito da sua função econômica e política, pois do quantum fixado pela tarifa depende também a remuneração da concessionária.

Sem um mínimo de garantias na retribuição ninguém iria tomar sob os ombros a responsabilidade jurídica e econômica da exploração de um serviço público. Assim, os termos em que a concessionária poderá estabelecer as tarifas, são objetos de cláusula irrevogável, quando concretizada mediante ato constitutivo de direitos. Isto porque da tarifa depende a estabilidade da concessionária, bem como a própria posição da Administração Pública concedente diante dos usuários. Ela realiza o custeio dos serviços públicos concedidos e constitui pagamento indireto daquilo que o particular resolveu prestar, colaborando com a Administração Pública.

Na fixação de tarifa, a Administração Pública não usa de poder discricionário. Ela será guiada pela necessidade de manter o equilíbrio econômico-financeiro da empresa e fixará a tarifa numa base que permita que o serviço público concedido seja autossuficiente, que funcione regulamente, possa aperfeiçoar-se e, se necessário, ser ampliado.

Uma vez fixada por via regulamentar, a tarifa deve ser igual para todos os usuários, não podendo ser uma para determinada classe de usuários e outra para os demais. Mesmo porque se trata de serviço público e é princípio de todo serviço público a igualdade dos usuários.

O regime jurídico do serviço público é composto pelo princípio da modicidade da tarifa que decorre de forma direta do princípio da universalidade do acesso dos usuários ao serviço público concedido. Na modicidade tarifária o valor cobrado pelo serviço prestado com qualidade deverá ser o menor possível.

A modicidade da tarifa pressupõe que o serviço público seja adequado e deve corresponder aos custos pertinentes com riscos calculados e fiscalizados pela Administração Pública concedente para que o preço cobrado dos usuários represente uma estratégia de competição entre os prestadores do serviço concedido. Dessa forma, a tarifa módica tem o condão de propiciar o acesso mais amplo possível ao serviço público.

Na equação econômico-financeira inicial do contrato de concessão está incluída a receita ordinária oriunda da tarifa mais as receitas acessórias menos os custos operacionais, despesas, amortização do capital investido e depreciação do material, equipamentos e da instalação. Já o resultado dessa equação será o lucro da empresa concessionária para um período de tempo previamente estipulado e integrará a receita líquida que tornará possível averiguar a viabilidade do negócio, bem como examinar se o reequilíbrio financeiro se faz necessário.

Na decisão de reajustar a tarifa do serviço público concedido com o intuito de equilibrar economicamente o contrato de concessão em razão do regime inflacionário da economia, a Administração Pública concedente baseará em estudo técnico capaz de mostrar que a sua decisão atenderá melhor o interesse público. Com base na Lei 10.192/2001, a periodicidade do reajuste de tarifa de serviço público concedido é anual e contará da data da apresentação da proposta ou do orçamento a que essa se referir.

1.3 - DURAÇÃO DA CONCESSÃO DE SERVIÇO PÚBLICO

A concessão de serviço público carece de prévia licitação na modalidade de concorrência para ser outorgada ao particular e terá prazo determinado. O seu prazo máximo de duração não foi definido pela Lei nº 8.987/1995, mas o mesmo deverá constar do edital de licitação e será uma cláusula essencial do contrato de concessão. Será estabelecido pela Administração Pública concedente levando em consideração as características específicas do serviço público concedido.

O prazo de duração da concessão de serviço público deverá ser suficiente para assegurar à concessionária a amortização dos seus recursos financeiros investidos, em condições normais de rentabilidade para executar adequadamente o serviço público. Ademais, deve resultar de estudos consistentes da viabilidade econômico-financeira do gerenciamento da execução do serviço, levando em conta a equação econômico-financeira do contrato de concessão.

Nos termos do artigo 157 do Decreto nº 24.643/1934 as concessões para produção, transmissão e distribuição da energia hidrelétrica serão dadas pelo prazo normal de trinta anos, porém, poderá ter prazo até o limite de cinquenta anos no caso do elevado montante de capital investido nas obras e instalações exigir um período de tempo maior para a sua amortização e permitir o fornecimento de energia por preço razoável aos consumidores, a juízo da Administração Pública concedente e ouvidos os órgãos técnicos-administrativos competentes.

A Lei nº 9.074/1995 alterada e acrescentada pelas Leis nºs 10.684/2003 e 10.848/2004 estabeleceu que: a) as concessões de estações aduaneiras e outros terminais alfandegados de uso público precedidos ou não de obras públicas não instalados em área de porto ou aeroporto terão prazo de vinte e cinco anos de duração e poderão ser prorrogadas por mais dez anos (artigo 1º , inciso VI e parágrafo 2º); b) as concessões de geração de energia elétrica anteriores a 11/12/2003 terão o prazo necessário à amortização dos investimentos até o limite de trinta e cinco anos contado da data de assinatura do imprescindível contrato e poderá ser prorrogado por até vinte anos, a critério da Administração Pública concedente, observando-se as condições estabelecidas nos contratos (artigo 4º, parágrafo 3º); c) as concessões de transmissão e de distribuição de energia elétrica terão o prazo necessário à amortização dos investimentos, limitado a trinta anos, contado da data de assinatura do imprescindível contrato, podendo ser prorrogado no máximo por igual período, a critério da Administração Pública concedente e nas condições estabelecidas no contrato. (artigo 4º, parágrafo 3º).

Na concessão de serviço público para a qual inexiste lei específica regulando o seu prazo de duração, o prazo de duração da mesma deve ser aquele indispensável à amortização dos investimentos realizados, levando-se em conta a integralidade da equação econômico-financeira do contrato.

O prazo da concessão de serviço público poderá ser prorrogado excepcionalmente desde que as condições para a prorrogação estejam previstas no edital de licitação e no contrato. Na prorrogação do contrato de concessão, a Administração Pública concedente fundamentará detalhadamente a justificativa técnica-administrativa averiguando se a prorrogação é melhor forma de atender o interesse público que a realização de nova licitação.

1.4 - SUBCONTRATAÇÃO, SUBCONCESSÃO, TRANSFERÊNCIA DE CONCESSÃO OU DE CONTROLE SOCIETÁRIO E ASSUNÇÃO DO CONTROLE OU DA ADMINISTRAÇÃO TEMPORÁRIA

Embora seja atribuição da concessionária de serviço público a execução integral do serviço concedido cabendo-lhe responder por todos os prejuízos causados à Administração Pública concedente, aos usuários ou a terceiros, ela poderá contratar terceiros para o desenvolvimento de atividades inerentes, acessórias ou complementares ao serviço concedido e a implementação de projetos associados. Sendo, dessa forma, um contrato subordinado ao direito privado que somente dependerá de licitação ou autorização da concedente no caso da concessionária ser empresa pública.

Na subcontratação para a prestação de serviços ou obras ligadas à concessão, a relação jurídica da concessão entre a concessionária de serviço público e a Administração Pública concedente é mantida sem alterações, uma vez que a empresa subcontratada mantém relação direta apenas com a concessionária e não com a concedente. Trata-se de uma ligação firmada entre a concessionária e o terceiro contratado na qual ela é responsável em face deste e dos usuários do serviço público concedido.

Na concessão de serviço público existe a possibilidade da subconcessão, desde que seja precedida de licitação na modalidade de concorrência e a Administração Pública concedente autorize ou aprove, após a avaliação sua conveniência e oportunidade. Sendo o contrato de concessão realizado intuitu personae, a intervenção da Administração Pública na subconcessão torna-se indispensável para verificar se a nova empresa oferece as mesmas ou maiores garantias que a antiga para colaborar com a Administração Pública.

A subconcessão efetuada nos termos do contrato de concessão e do edital ocorre com a transferência de somente uma parte dos direitos e obrigações da concessionária para outra entidade, a subconcessionária que a partir de então passa ter relação direta com a Administração Pública concedente, nas condições que ambos estipularem. No estabelecimento da subconcessão, a concessionária tem que se basear nos limites de seu contrato de concessão, pois ninguém pode transferir o que não possui. Na subconcessão, a concessionária mantém a sua posição jurídica perante a Administração Pública concedente.

Com efeito, na subconcessão a subconcessionária executa no lugar da concessionária original atividades vinculadas ao serviço público concedido. Para tanto, parte dos direitos e deveres que lhe foram outorgados são transferidos para a subconcessionária com o intuito desta última cumprir o regulamento da concessão no que se refere à continuidade, adequação, modicidade da tarifa e universalização do serviço público concedido visando o atendimento do interesse público.

Apesar da transferência parcial dos seus encargos e dos poderes que dispõe para cumpri-los para a subconcessionária, a concessionária continua responsável pelo desempenho com qualidade da sua obrigação na concessão. Já a relação jurídica entre a concessionária original e a subconcessionária segue as regras do direito privado, assim como as modificações nas condições da prestação do serviço pactuadas entre ambas.

Na transferência da concessão, a entidade concessionária faz a transferência de todos os encargos do serviço concedido e dos poderes que dispõe para cumpri-los à outra entidade, nova concessionária, que se obriga perante a Administração Pública concedente a cumprir o contrato firmado entre esta e a antiga concessionária.

Para obter a prévia anuência da Administração Pública concedente na transferência da concessão, a empresa pretendente deverá atender às exigências de capacidade técnica, idoneidade financeira e regularidade jurídica e fiscal necessárias para assumir a prestação do serviço público concedido e comprometer-se a cumprir todas as cláusulas do contrato que estiver em vigor. O não cumprimento das exigências impede a anuência da Administração Pública, o que implicará na caducidade da concessão.

A intervenção da Administração Pública concedente autorizando ou aprovando, diferencia a transferência da concessão de nova concessão porque ocorre apenas a substituição da concessionária antiga por uma nova, que se compromete a realizar ou oferecer os serviços objeto da concessão de acordo com os termos estipulados no contrato inicial que, todavia, pode sofrer alteração por vontade da Administração Pública, no interesse dos usuários.

No caso de transferência do controle societário pela concessionária não ocorre alteração da pessoa jurídica, mas somente dos seus sócios integrantes, posto que, os referidos sócios possuem personalidade jurídica distinta da empresa concessionária.

Assim como ocorre na transferência da concessão, a transferência do controle societário carece de anuência prévia da Administração Pública concedente. Para tanto, na pretensão de transferência societária deverão ser atendidas as exigências de capacidade técnica, idoneidade financeira e regularidade jurídica e fiscal necessárias para assumir a prestação do serviço público concedido, bem como o comprometimento de cumprir todas as cláusulas do contrato que estiver em vigor. Não sendo cumpridas as exigências, a Administração Pública não dará o seu consentimento e a concessão caducará.

A Administração Pública concedente visando promover a reestruturação financeira da concessionária e assegurar a continuidade da prestação do serviço público concedido autorizará nas condições estabelecidas no contrato de concessão a assunção do controle ou da administração temporária da concessionária por seus financiadores e garantidores com quem ela não mantenha vínculo societário direto para promover sua reestruturação financeira e assegurar a continuidade da prestação do serviço público concedido. Para tanto, exigirá dos financiadores e dos garantidores o atendimento das exigências de regularidade jurídica e fiscal.

O novo controlador passa da posição de financiador e garantidor para controlador da concessionária. A assunção do controle ou da administração temporária autorizadas não alterará as obrigações da concessionária e de seus controladores para com terceiros, Administração Pública concedente e usuários do serviço público concedido.

1.5 - INTERVENÇÃO NA CONCESSÃO DE SERVIÇO PÚBLICO

A Administração Pública concedente poderá intervir na concessão de serviço público para assegurar a adequada prestação do serviço e o fiel cumprimento das normas contratuais, regulamentares e legais pertinentes. Tal procedimento justifica-se pela necessidade de assegurar a continuidade do serviço público concedido, sua regularidade e o exato cumprimento das obrigações assumidas pela empresa concessionária. Isto porque constitui um encargo da Administração Pública concedente exigir da concessionária que a prestação do serviço público concedido satisfaça as condições de regularidade, continuidade, eficiência, segurança, atualidade, generalidade, cortesia na sua prestação e modicidade das tarifas.

A intervenção na concessão de serviço público é uma ação excepcional que será empregada como um recurso definitivo no caso de constatação de inadequação na prestação do serviço público pela concessionária ou preventivamente quando se verificar que existe o risco iminente de comprometimento na adequação da prestação do serviço concedido ou ainda no descumprimento reiterado das normas contratuais, regulamentares e legais pertinentes. Se dará por decreto da Administração Pública concedente no qual será designada a pessoa que atuará como interventora, o prazo de duração da intervenção, os objetivos que deverão ser alcançados e os limites da medida interventiva.

Uma vez declarada a intervenção na concessão de serviço público, no prazo de trinta dias a Administração Pública concedente instaurará o competente procedimento administrativo capaz de comprovar as causas que determinaram a intervenção, apurando as responsabilidades pela ocorrência das mesmas com observância da garantia constitucional do contraditório e ampla defesa. O procedimento administrativo instaurado deverá obrigatoriamente ser concluído no prazo de cento e oitenta dias, caso isso não aconteça a intervenção será considerada inválida.

Se comprovado que a intervenção na concessão de serviço público foi efetivada sem observar as disposições contratuais, regulamentares e legais pertinentes, a mesma será declarada nula e o serviço público concedido deverá ser devolvido de maneira imediata à empresa concessionária, sem que o seu direito de indenização seja prejudicado.

Terminada a intervenção e caso a concessão de serviço público não seja extinta, após a prestação de contas da pessoa interventora a gestão do serviço público será devolvida à concessionária. Durante a intervenção na concessão, competirá à pessoa interventora a administração total da empresa concessionária, gerindo seus bens, receitas, funcionários, contratos e financiamentos.

A pessoa interventora responderá pelos atos praticados durante o período em que a concessão esteve sob a sua administração. Na sua prestação de contas demonstrará de forma clara as receitas e despesas, bem como os esclarecimentos relativos às decisões aplicadas na solução das irregularidades que determinaram a necessidade da intervenção.

A intervenção na concessão de serviço público visa a regularizar o serviço concedido que esteja sendo executado em desacordo com as normas contratuais, regulamentares e legais pertinentes para garantir o atendimento do interesse público consistente na prestação adequada do serviço aos usuários e está voltada à manutenção do serviço público concedido. No fim da intervenção, comprovada a existência de irregularidade, a Administração Pública concedente declarará a nulidade da concessão e retomará para si a prestação do serviço público.

1.6 - EXTINÇÃO DA CONCESSÃO DE SERVIÇO PÚBLICO

A concessão de serviço público não se prolonga indefinidamente, extingue-se de diversos modos, conforme a causa que lhe determine o desaparecimento. Termina normalmente pela expiração do prazo, mas pode também acabar antes do término da duração convencionada. A extinção da concessão deve atender ao interesse público e a vontade das partes expressa no contrato de concessão de serviço público.

Uma vez extinta a concessão de serviço público, todos os bens reversíveis, privilégios e direitos transferidos à concessionária conforme previsão do edital e contidos no contrato, retornam à Administração Pública concedente. Entende-se como bens reversíveis todos aqueles expressamente descritos no contrato de concessão que com a ocorrência de qualquer tipo de extinção da concessão passam de forma automática a pertencerem à Administração Pública concedente.

Segundo a Lei nº 8.987/1995, a concessão de serviço público poderá extinguir-se pelo término do termo contratual, encampação, caducidade, rescisão, anulação e falência ou extinção da empresa concessionária, bem como, em se tratando de empresa individual, pelo falecimento ou incapacidade do seu titular.

1.6.1 - TÉRMINO DO TERMO CONTRATUAL

É o retorno do serviço público concedido à Administração Pública concedente, no final do prazo estabelecido no contrato da concessão de serviço público. Nesse caso, fica a Administração Pública com a plena propriedade do serviço público, com ou sem indenização à concessionária. Todos os contratos contêm cláusulas prevendo a extinção da concessão pelo término do seu prazo de duração e a reversão dos direitos e privilégios que haviam sido transferidos à concessionária por ocasião da assinatura do contrato de concessão, conforme previsto no edital e estabelecido no contrato.

O término do prazo da concessão implica na extinção das relações estabelecidas entre concedente e concessionária. O serviço público reverterá para a Administração Pública concedente que o explorará diretamente, se não preterir prorrogar a concessão antiga nos termos que convencionar ou adjudicar a nova concessionária.

No término do prazo de duração da concessão que tiver sido estabelecido no contrato, a extinção da concessão acontecerá independentemente de aviso prévio e a Administração Pública concedente assumirá de forma imediata o serviço público passando a operá-lo com a utilização dos bens reversíveis contratualmente descritos que tenham como objetivo a continuidade da prestação do serviço público.

Com o advento do termo contratual, o serviço público concedido reverterá à Administração Pública concedente e os bens e equipamentos inerentes à execução do serviço público passarão a integrar o patrimônio público independente do pagamento de indenização se já tiverem sido totalmente amortizados ou depreciados.

Já no caso em que as parcelas dos investimentos vinculados aos bens reversíveis que tenham sido adquiridos com o objetivo de garantir a continuidade e atualidade do serviço concedido e que não tenham sido ainda amortizados ou depreciados, serão indenizadas. Para tanto, antes do término do prazo da concessão a Administração Pública concedente deve proceder aos levantamentos e avaliações indispensáveis à determinação dos montantes da indenização que deverá ser paga à concessionária.

1.6.2 - ENCAMPAÇÃO

É a retomada do serviço público concedido pela Administração Pública concedente, no transcorrer do prazo de duração da concessão, por sua decisão unilateral ao verificar que a concessão já não atende ao interesse coletivo. A encampação é sempre um direito da Administração Pública, mesmo sem estipulação contratual, não podendo ela sequer renunciar a esse direito, porque constitui um meio de assegurar o bom funcionamento do serviço público.

Na extinção da concessão de serviço público pela encampação, a retomada do serviço público concedido visa o atendimento do interesse público e depende de lei autorizativa específica e prévio pagamento da indenização à concessionária. Para isso, a Administração Pública concedente procederá com antecedência os levantamentos e avaliações indispensáveis ao arbitramento do valor devido da indenização a ser pago à concessionária.

Pela encampação, a Administração Pública concedente indenizará a concessionária, pagando-lhe os danos emergentes oriundos da extinção do contrato de concessão antes do término do prazo de duração do mesmo. No cálculo do valor da indenização, será levado em conta as parcelas do investimento em bens reversíveis que tenham sido adquiridos com o objetivo de garantir a continuidade e atualidade do serviço concedido e que não tenham sido ainda amortizados ou depreciados.

1.63 - CADUCIDADE

É a modalidade de extinção do contrato de concessão de serviço público no decorrer da sua vigência, mediante declaração decretada pela Administração Pública concedente proferida em decorrência de comprovada falta grave praticada pela concessionária ao descumprir norma prevista na legislação ou no contrato de concessão.

Com efeito, a caducidade da concessão poderá ser declarada pela Administração Pública concedente quando ocorrer a inexecução total ou parcial do contrato de concessão caso a concessionária: prestar serviço inadequado ou deficiente, tendo por base as normas, critérios, indicadores e parâmetros definidores da sua qualidade; descumprimento de cláusulas contratuais ou disposições legais ou regulamentares concernentes à concessão; paralisar o serviço ou concorrer para tanto, ressalvadas as hipóteses decorrentes de caso fortuito ou força maior; perder as condições econômicas, técnicas ou operacionais para manter a adequada prestação do serviço concedido; não cumprir as penalidades impostas por infrações, nos devidos prazos; não atender a intimação do poder concedente no sentido de regularizar a prestação do serviço; e não atender a intimação da Administração Pública concedente para apresentar em cento e oitenta dias a documentação relativa a regularidade fiscal durante a concessão, na forma do artigo 29 da Lei nº 8.666/1993.

Uma vez constatada a ocorrência de descumprimento contratual por parte da concessionária, a Administração Pública concedente a comunicará o acontecido de forma pormenorizada, dando-lhe um prazo para corrigir as falhas e transgressões apontadas para enquadramento nos termos do contrato de concessão. Após isso, caso as falhas e transgressões apontadas não forem devidamente corrigidas será instaurado processo administrativo para verificação da inadimplência da concessionária, assegurando-lhe a ampla defesa.

Comprovada a inadimplência da concessionária, serão aplicadas as sanções contratuais e legais ou a caducidade da concessão será declarada por decreto da Administração Pública concedente independentemente de indenização prévia, pois a mesma será calculada durante o processo. A indenização das parcelas dos investimentos vinculados a bens reversíveis ainda não amortizados ou depreciados que tenham sido realizados com o objetivo de garantir a continuidade e atualidade do serviço concedido será devida na forma da lei e do contrato de concessão, descontado o valor das multas contratuais e dos danos causados pela concessionária.

Ademais, a caducidade da concessão de serviço público será declarada quando houver transferência de concessão ou do controle societário da concessionária sem prévia anuência da Administração Pública concedente. A declaração de caducidade da concessão de serviço público, não resultará em qualquer espécie de responsabilidade para a Administração Pública concedente relacionada aos encargos, ônus, obrigações ou compromissos com terceiros ou com empregados da concessionária.

1.6.4 - RESCISÃO

É o desfazimento do contrato de concessão de serviço público por iniciativa da concessionária através de ação judicial especialmente intentada para essa finalidade, quando houver descumprimento das normas contratuais por parte da Administração Pública concedente. Assim, nessa modalidade de extinção da concessão cabe à concessionária diligenciar na busca da proteção judicial para desonerar-se da prestação do serviço público concedido quando sentir-se prejudicada em razão da transgressão das disposições do contrato pela parte concedente.

Na rescisão do contrato de concessão de serviço público os serviços prestados pela concessionária não poderão ser interrompidos ou paralisados, até que a decisão judicial seja transitada em julgado. Isso visa atender ao interesse público, preservando os direitos dos usuários do serviço público concedido.

1.6.5 - ANULAÇÃO

É a invalidação do contrato de concessão de serviço público por ilegalidade na concessão ou na formalização do ajuste. O vício de ilegalidade da concessão de serviço público pode ocorrer durante o processo licitatório ou depois da concretização do contrato de concessão. Poderá ser declarada pela Administração Pública concedente ou pelo Poder Judiciário quando levada ao seu conhecimento. A declaração de anulação da concessão terá efeito *ex nunc*, ou seja, a partir da ocorrência do vício de ilegalidade.

1.6.6 - FALÊNCIA OU EXTINÇÃO DA EMPRESA CONCESSIONÁRIA E FALECIMENTO OU INCAPACIDADE DO TITULAR DE EMPRESA INDIVIDUAL

É a modalidade de extinção do contrato de concessão de serviço público pela ocorrência de falência ou extinção da empresa concessionária e pelo falecimento ou incapacidade do titular no caso de empresa individual. Nesses casos fica inviável a execução do serviço público objeto do contrato de concessão, o que resultará na imediata extinção da concessão, pois revelará que a concessionária não tem mais as condições necessárias para prosseguir na prestação do serviço concedido.

Capítulo 2

PARCERIA PÚBLICO-PRIVADA

Trata-se do contrato administrativo de concessão de serviço público patrocinada ou administrativa ajustado pela Administração Pública e entidade de direito privado, mediante prévia licitação na modalidade de concorrência, objetivando executar serviço público com eventual obra pública e remuneração paga por tarifas recebidas das pessoas que usam o serviço e contraprestação pecuniária proveniente de cofre público ou a prestação de serviço com ou sem execução de obra e fornecimento de bens em que a parceira pública seja usuária direta ou indireta, remunerando-o por contraprestação pecuniária própria.

Nos termos da Lei nº 11.079/2004 com alterações posteriores, na parceria público-privada a Administração Pública contratante se torna parceira da entidade privada contratada na execução do serviço compartilhando os riscos e os ganhos do empreendimento ocorrentes durante a execução do contrato. A previsão legal de compartilhar os riscos do empreendimento visa a atração de empresas nos casos em que a prestação do serviço público não seja aparentemente interessante para a iniciativa privada em razão do enorme investimento necessário e da pequena perspectiva de retorno somente pelas tarifas recebidas dos usuários do serviço.

Na contratação de parceria público-privada serão observadas as diretrizes: eficiência no cumprimento das missões de Estado e no emprego dos recursos da sociedade, respeito aos interesses e direitos dos destinatários dos serviços e dos entes privados incumbidos da sua execução, indelegabilidade das funções de regulação, jurisdicional, do exercício do poder de polícia e de outras atividades exclusivas do Estado, responsabilidade fiscal na celebração e execução das parcerias, transparência dos procedimentos e das decisões, repartição objetiva de riscos entre as partes, bem como, sustentabilidade financeira e vantagens socioeconômicas dos projetos de parceria.

Por conseguinte, não é permitida a celebração de contrato de parceria público-privada em que o valor do contrato seja inferior a dez milhões de reais, com período de prestação do serviço inferior a cinco anos ou que tenha como objeto único o fornecimento de mão-de-obra, o fornecimento e instalação de equipamentos ou a execução de obra pública.

A parceria público-privada é uma concessão de serviço público que tem como característica a previsão de pagamento de contraprestação econômico-financeira pela Administração Pública à parceira privada. A contraprestação poderá ser feita por pecúnia, ordem bancária, cessão de créditos não tributários, outorga de direitos em face do Estado, outorga de direitos sobre bens públicos dominicais ou outros meios admitidos em lei.

A contraprestação da Administração Pública será obrigatoriamente precedida da disponibilização do serviço objeto do contrato de parceria público-privada, sendo-lhe facultado, nos termos do contrato, efetuar o pagamento da contraprestação relativa à parcela que já puder ser usada do serviço objeto do contrato de parceria público-privada.

O contrato de parceria público-privada poderá prever o pagamento à parceira privada de remuneração variável vinculada ao seu desempenho, conforme metas e padrões de qualidade e disponibilidade definidos no contrato. Outrossim, o contrato de parceria público-privada poderá prever também o aporte de recursos em favor da parceira privada para a realização de obras e aquisição de bens reversíveis, desde que autorizado no edital de licitação. Esse aporte de recursos quando realizado durante a fase dos investimentos a cargo da parceira privada, deverá guardar proporcionalidade com as etapas efetivamente executadas.

Por ocasião da extinção do contrato, a parceira privada não receberá indenização pelas parcelas de investimentos vinculados a bens reversíveis ainda não amortizadas ou depreciadas, quando tais investimentos houverem sido realizados com valores provenientes do referido aporte de recursos.

Na contratação de parceria público-privada serão aplicáveis, no que couber, as penalidades previstas no Decreto-Lei no 2.848/1940 (Código Penal), na Lei nº 8.429/1992 (Lei de Improbidade Administrativa), na Lei nº 10.028/2000 (Lei dos Crimes Fiscais), no Decreto-Lei nº 201/1967 e na Lei nº 1.079/1950, sem prejuízo das penalidades financeiras previstas no contrato.

A parceria público-privada foi instituída com o objetivo de proporcionar a união de uma entidade governamental federal, estadual ou municipal a uma entidade privada visando dar mais flexibilidade na implantação e no gerenciamento de projetos de infraestrutura pública, por intermédio de investimento privado, necessários ao desenvolvimento econômico e social. A parceria público-privada engloba a concessão patrocinada e a concessão administrativa.

2.1 - CONCESSÃO PATROCINADA

É o contrato administrativo de concessão de serviço público ou de obra pública em que a concessionária denominada de parceira privada, além de ser remunerada pela cobrança de tarifas dos usuários do serviço, recebe ainda adicionalmente contraprestação pecuniária da Administração Pública denominada de parceira pública.

A parceria público-privada na modalidade de concessão patrocinada que é regida pela Lei nº 11.079/2004, aplica-se subsidiariamente os dispositivos previstos na Lei nº 8.987/1995 e nas leis que lhe são correlatas. Além disso, o pagamento da contraprestação pela parceira pública é efetuado apenas em pecúnia, ou seja, em dinheiro.

Como se observa, a sua característica essencial é o seu regime remuneratório misto da parceira privada que inclui tanto a tarifa cobrada dos usuários do serviço público concedido como a contraprestação pecuniária da Administração Pública. No contrato de concessão patrocinada em que mais de setenta por cento da remuneração da parceira privada vier de pagamento pela parceira pública dependerá de autorização legislativa específica.

No contrato administrativo de concessão de serviço público ou de obra pública na modalidade de concessão patrocinada a contraprestação pecuniária adicionada ao valor das tarifas pagas pelos usuários do serviço efetuada pela parceira pública tem o condão de proporcionar que a amortização dos investimentos vultuosos efetivados pela parceira privada no empreendimento seja mais rápida.

2.2 - CONCESSÃO ADMINISTRATIVA

É o contrato administrativo de concessão de serviço público em que a prestação de serviços de que a Administração Pública seja a usuária direta ou indireta, ainda que envolva execução de obra ou fornecimento e instalação de bens. Nessa modalidade de parceria público-privada a remuneração da parceira privada é feita exclusivamente pela parceira pública, sem a cobrança de tarifas dos usuários do serviço público.

A parceria público-privada de concessão administrativa rege-se pela Lei nº 11.079/2004, aplicando-se adicionalmente o disposto nos artigos 21, 23, 25 e 27 a 39 da Lei nº 8.987/1995 e no artigo 31 da Lei nº 9.074/1995. Ademais, a contraprestação paga pela parceira pública poderá ser feita por ordem bancária, cessão de créditos não tributários, outorga de direitos em face do Estado, outorga de direitos sobre bens públicos dominicais ou outros meios admitidos em lei.

Na concessão administrativa na qual não existe a possibilidade de cobrança de tarifas dos usuários do serviço público concedido e onde a Administração Pública é a usuária direta ou indireta, o pagamento da contraprestação pela parceira pública somente se inicia quando o serviço se tornar disponível. Tem como objetivo permitir a inserção da iniciativa privada naqueles serviços tidos como pouco atrativos que exigem investimentos vultuosos, a exemplo da construção e administração de hospitais, escolas públicas e presídios, dentre outros.

2.3 - GARANTIAS NA PARCERIA PÚBLICO-PRIVADA

Na parceria público-privada, tanto na concessão patrocinada quanto na concessão administrativa, a parceira privada prestará à parceira pública garantias de execução do contrato suficientes e compatíveis com os ônus e riscos envolvidos de até dez por cento do valor do contrato para obras, serviços e fornecimentos de grande vulto envolvendo alta complexidade técnica e riscos financeiros consideráveis. Nos casos de contratos que importem na entrega de bens pela parceira pública à parceira privada que ficará como depositária, ao valor das garantias deverá ser acrescido o valor desses bens.

Nas contratações de obras, serviços e compras, a parceira pública poderá exigir a garantia de proposta da parceira privada licitante limitada a um por cento do valor estimado do objeto da contratação. Nesse caso, caberá à parceira privada optar por uma das seguintes modalidades de garantia: caução em dinheiro ou em títulos da dívida pública, devendo estes ter sido emitidos sob a forma escritural, mediante registro em sistema centralizado de liquidação e de custódia autorizado pelo Banco Central do Brasil e avaliados pelos seus valores econômicos, conforme definido pelo Ministério da Economia; seguro-garantia e fiança bancária.

Já na parceria público-privada de concessão patrocinada precedida da execução de obra pública a parceira privada, observando os dados relativos à obra dentre eles os elementos do projeto básico capazes de permitir a sua plena caracterização, prestará ao parceiro público garantias adequadas ao caso e limitadas ao valor da obra para essa parte específica do contrato.

A parceira pública poderá prestar garantias à parceira privada nas obrigações pecuniárias que contrair em contrato de parceria público-privada. Essas garantias poderão ser dadas mediante: vinculação de receitas, observado o disposto no inciso IV do artigo 167 da Constituição Federal; instituição ou utilização de fundos especiais previstos em lei; contratação de seguro-garantia com as companhias seguradoras que não sejam controladas pela Administração Pública; garantia prestada por organismos internacionais ou instituições financeiras que não sejam controladas pela Administração Pública; garantias prestadas por fundo garantidor ou empresa estatal criada para essa finalidade; outros mecanismos admitidos em lei.

Em razão do enorme investimento necessário na parceria público-privada, a parceira privada poderá depender de financiamento adquirido junto a terceiros para viabilizar a disponibilidade do serviço público concedido aos seus usuários. Diante disso, o contrato de parceria público-privada poderá prever de forma adicional: os requisitos e condições em que a parceira pública autorizará a transferência do controle ou a administração temporária da sociedade de propósito específico aos seus financiadores e garantidores com quem não mantenha vínculo societário direto, com o objetivo de promover a sua reestruturação financeira e assegurar a continuidade da prestação dos serviços; a possibilidade de emissão de empenho em nome dos financiadores do projeto em relação às obrigações pecuniárias da Administração Pública; a legitimidade dos financiadores do projeto para receber indenizações por extinção antecipada do contrato, bem como pagamentos efetuados pelos fundos e empresas estatais garantidores de parcerias público-privadas.

Existe a possiblidade legal da União conceder garantia ou realizar transferência voluntária aos Estados, Distrito Federal e Municípios para utilização na contratação de parceria público-privada, desde que a soma das despesas de caráter continuado derivadas do conjunto das parcerias já contratadas por esses entes não tenha excedido, no ano anterior, a cinco por cento da receita corrente líquida do exercício ou que as despesas anuais dos contratos vigentes nos dez anos subsequentes não excedam a cinco por cento da receita corrente líquida projetada para os respectivos exercícios.

Por sua vez, os Estados, o Distrito Federal e os Municípios que contratarem empreendimentos por intermédio de parcerias público-privadas deverão encaminhar ao Senado Federal e à Secretaria do Tesouro Nacional, previamente à contratação, as informações necessárias para cumprimento do limite acima previsto que na sua aplicação serão computadas as despesas derivadas de contratos de parceria celebrados pela Administração Pública direta, autarquias, fundações públicas, empresas públicas, sociedades de economia mista e demais entidades controladas direta ou indiretamente pelo respectivo ente, excluídas as empresas estatais não dependentes.

2.4 - FUNDO GARANTIDOR DE PARCERIAS PÚBLICO-PRIVADAS

O Fundo Garantidor de Parcerias Público-Privadas-FGP com o limite global de seis bilhões de reais tem a finalidade de prestar garantia de pagamento de obrigações pecuniárias assumidas pelas parceiras públicas federais, distritais, estaduais ou municipais em virtude dos contratos de parcerias público-privadas. Tem natureza privada e patrimônio próprio separado do patrimônio dos seus cotistas e é sujeito a direitos e obrigações próprios.

O patrimônio do FGP é formado pelo aporte de bens e direitos realizado pelos cotistas, por meio da integralização de cotas e pelos rendimentos obtidos com sua administração. Os bens e direitos transferidos são avaliados por empresa especializada que deverá apresentar laudo fundamentado com indicação dos critérios de avaliação adotados e instruído com os documentos relativos aos bens avaliados. O aporte de bens de uso especial ou de uso comum é condicionado a sua desafetação de forma individualizada.

Já a integralização das cotas poderá ser realizada em dinheiro, títulos da dívida pública, bens imóveis dominicais, bens móveis, inclusive ações de sociedade de economia mista federal excedentes ao necessário para manutenção de seu controle pela União ou outros direitos com valor patrimonial. A integralização com bens é feita independentemente de licitação, mediante prévia avaliação e autorização específica do Presidente da República.

O FGP responderá por suas obrigações com os bens e direitos integrantes de seu patrimônio, os cotistas somente responderão pela integralização das cotas que subscreverem. A capitalização realizada por meio de recursos orçamentários dar-se-á por ação orçamentária específica para esta finalidade no âmbito de encargos financeiros da União.

Em atendimento à legislação pertinente, o FGP foi criado, administrado, gerido e representado judicial e extrajudicialmente pelo Banco do Brasil SA, a quem cabe deliberar sobre a gestão e alienação dos bens e direitos, zelando pela manutenção de sua rentabilidade e liquidez. O estatuto e regulamento do referido fundo são aprovados em assembleia dos cotistas, onde a União é representada pelo Procurador-Geral da Fazenda Nacional ou por Procurador da Fazenda Nacional a quem foi delegada a competência. O estatuto e o regulamento do FGP determinaram sobre a política de concessão de garantias e inclusive no que se refere à relação entre ativos e passivos do fundo.

A garantia é prestada na forma aprovada pela assembleia dos cotistas nas seguintes modalidades: fiança, sem benefício de ordem para o fiador; penhor de bens móveis ou de direitos integrantes do patrimônio do FGP, sem transferência da posse da coisa empenhada antes da execução da garantia; hipoteca de bens imóveis do patrimônio do FGP; alienação fiduciária, permanecendo a posse direta dos bens com o FGP ou com agente fiduciário por ele contratado antes da execução da garantia; outros contratos que produzam efeito de garantia, desde que não transfiram a titularidade ou posse direta dos bens à parceira privada antes da execução da garantia; garantia, real ou pessoal vinculada a um patrimônio de afetação constituído em decorrência da separação de bens e direitos pertencentes ao FGP. Poderá ser prestada garantia mediante contratação de instrumentos disponíveis em mercado, inclusive para complementação das modalidades acima citadas.

O FGP poderá prestar contragarantias a seguradoras, instituições financeiras e organismos internacionais que garantirem o cumprimento das obrigações pecuniárias dos cotistas em contratos de parcerias público-privadas.

A quitação pela parceira pública de cada parcela de débito garantido pelo FGP importará na exoneração proporcional da garantia. Já a parceira privada poderá acionar a garantia relativa a débitos constantes de faturas emitidas e ainda não aceitas pelo parceiro público, desde que, transcorridos mais de noventa dias de seu vencimento, não tenha havido sua rejeição expressa por ato motivado.

A parceira privada poderá acionar o FGP nos casos de crédito líquido e certo constante de título exigível aceito e não pago pela parceira pública após quinze dias contados da data de vencimento e débitos constantes de faturas emitidas e não aceitas pela parceira pública após quarenta e cinco dias contados da data de vencimento, desde que não tenha havido rejeição expressa por ato motivado.

A quitação de débito pelo FGP importará sua sub-rogação nos direitos do parceiro privado. No caso de inadimplemento, os bens e direitos do fundo poderão ser objeto de constrição judicial e alienação para satisfazer as obrigações garantidas.

O FGP é obrigado a honrar faturas aceitas e não pagas pela parceira pública, porém, está proibido de pagar faturas rejeitadas expressamente por ato motivado. Poderá usar parcela da cota da União para prestar garantia aos seus fundos especiais, às suas autarquias, às suas fundações públicas e às suas empresas estatais dependentes.

A parceira pública deverá informar ao FGP sobre qualquer fatura rejeitada e sobre os motivos da rejeição no prazo de quarenta dias contado da data de vencimento. A ausência de aceite ou rejeição expressa de fatura por parte da parceira pública no prazo de quarenta dias contado da data de vencimento implicará aceitação tácita. O agente público que contribuir por ação ou omissão para a aceitação tácita de fatura ou que rejeitar fatura sem motivação será responsabilizado pelos danos que causar, em conformidade com a legislação civil, administrativa e penal em vigor.

O FGP não pagará rendimentos a seus cotistas, assegurando-se a qualquer deles o direito de requerer o resgate total ou parcial de suas cotas, correspondente ao patrimônio ainda não utilizado para a concessão de garantias, fazendo-se a liquidação com base na situação patrimonial do fundo.

A dissolução do FGP deliberada pela assembleia dos cotistas ficará condicionada à prévia quitação da totalidade dos débitos garantidos ou liberação das garantias pelos credores. Uma vez dissolvido, o seu patrimônio será rateado entre os cotistas, com base na situação patrimonial à data da dissolução.

É facultada a constituição de patrimônio de afetação que não se comunicará com o restante do patrimônio do FGP, ficando vinculado exclusivamente à garantia em virtude da qual tiver sido constituído, não podendo ser objeto de penhora, arresto, sequestro, busca e apreensão ou qualquer ato de constrição judicial decorrente de outras obrigações do fundo. Essa constituição do patrimônio de afetação será feita por registro em Cartório de Registro de Títulos e Documentos ou no Cartório de Registro Imobiliário correspondente, no caso de bem imóvel.

2.5 - SOCIEDADE DE PROPÓSITO ESPECÍFICO

É uma sociedade empresarial na forma societária limitada ou de sociedade anônima com valores mobiliários admitidos à negociação no mercado, constituída antes da celebração do contrato de parceria público-privada, com o objetivo específico de implantar e gerir o objeto da parceria. Deverá obedecer a padrões de governança corporativa e adotar contabilidade e demonstrações financeiras padronizadas, conforme regulamento. Após ter sido esgotado o prazo de duração da parceria público-privada ou realizado o seu objeto, a pessoa jurídica instituída para a exploração daquele negócio específico será extinta.

A constituição da sociedade de propósito específico visa permitir que a Administração Pública formalize o contrato de parceria público-privada com uma pessoa jurídica de direito privado que tenha como objetivo social específico a prestação do serviço público concedido, evitando, assim, a existência de confusão entre as outras atividades da empresa vencedora da licitação e suas obrigações contraídas no contrato de parceria.

A utilização desse método possibilita a separação de ativos da sociedade controladora dos ativos pertencentes à sociedade de propósito específico em função da atividade econômica explorada. Dessa forma, fica mais fácil controlar o ingresso dos recursos na sociedade de propósito específico e onde os mesmos foram alocados na efetivação do objeto específico. Isso traz enormes vantagens não somente para a controladora da sociedade de propósito específico, mas também para os credores e para a Administração Pública.

A transferência do controle da sociedade de propósito específico estará condicionada à autorização expressa da Administração Pública, nos termos do edital e do contrato, observando que para fins de obtenção da autorização o pretendente deverá atender às exigências de capacidade técnica, idoneidade financeira e regularidade jurídica e fiscal necessárias à assunção do serviço, bem como comprometer-se a cumprir todas as cláusulas do contrato em vigor.

A Administração Pública não pode ser titular da maioria do capital votante da sociedade de propósito específico. A única exceção a essa proibição se dá no caso de aquisição da maioria do capital votante da sociedade por instituição financeira controlada pela Administração Pública na situação de inadimplemento de contratos de financiamento da parceria público-privada.

As operações de crédito efetuadas por empresas públicas ou sociedades de economia mista controladas pela União não poderão exceder a setenta por cento do total das fontes de recursos financeiros da sociedade de propósito específico, sendo que para as áreas das regiões Norte, Nordeste e Centro-Oeste, onde o Índice de Desenvolvimento Humano-IDH seja inferior à média nacional, essa participação não poderá exceder a oitenta por cento.

Não poderão exceder a oitenta por cento do total das fontes de recursos financeiros da sociedade de propósito específico ou noventa por cento nas áreas das regiões Norte, Nordeste e Centro-Oeste, onde o Índice de Desenvolvimento Humano-IDH seja inferior à média nacional, as operações de crédito ou contribuições de capital realizadas cumulativamente por entidades fechadas de previdência complementar e empresas públicas ou sociedades de economia mista controladas pela União. Entende-se por fonte de recursos financeiros as operações de crédito e contribuições de capital à sociedade de propósito específico.

2.6 - LICITAÇÃO PRÉVIA À PARCERIA PÚBLICO PRIVADA

A contratação de parceria público-privada será precedida de licitação na modalidade de concorrência. Estando a abertura do processo licitatório condicionada a:

1) autorização da autoridade competente, fundamentada em estudo técnico que demonstre: a) a conveniência e a oportunidade da contratação, mediante identificação das razões que justifiquem a opção pela forma de parceria público-privada; b) que as despesas criadas ou aumentadas não afetarão as metas de resultados fiscais previstas no anexo referido no parágrafo 1º do artigo 4º da Lei Complementar nº 101/2000, devendo seus efeitos financeiros nos períodos seguintes serem compensados pelo aumento permanente de receita ou pela redução permanente de despesa e quando for o caso, conforme as normas editadas na forma do artigo 25 da Lei nº 11.079/2004, a observância dos limites e condições decorrentes da aplicação dos artigos 29, 30 e 32 da Lei Complementar nº 101/2000, pelas obrigações contraídas pela Administração Pública relativas ao objeto do contrato; sendo que a comprovação conterá as premissas e metodologia de cálculo utilizadas, observadas as normas gerais para consolidação das contas públicas, sem prejuízo do exame de compatibilidade das despesas com as demais normas do plano plurianual e da lei de diretrizes orçamentárias;

2) elaboração de estimativa do impacto orçamentário-financeiro nos exercícios em que deva vigorar o contrato de parceria público-privada; declaração do ordenador da despesa de que as obrigações contraídas pela Administração Pública no decorrer do contrato são compatíveis com a lei de diretrizes orçamentárias e estão previstas na lei orçamentária anual e estimativa do fluxo de recursos públicos suficientes para o cumprimento,

durante a vigência do contrato e por exercício financeiro, das obrigações contraídas pela Administração Pública;

3) seu objeto deve estar previsto no plano plurianual em vigor no âmbito onde o contrato será celebrado; submissão da minuta de edital e de contrato à consulta pública, mediante publicação na imprensa oficial, em jornais de grande circulação e por meio eletrônico, que deverá informar a justificativa para a contratação, a identificação do objeto, o prazo de duração do contrato e seu valor estimado, fixando-se prazo mínimo de trinta dias para recebimento de sugestões, cujo termo dar-se-á pelo menos sete dias antes da data prevista para a publicação do edital, assim como licença ambiental prévia ou expedição das diretrizes para o licenciamento ambiental do empreendimento na forma do regulamento sempre que o objeto do contrato exigir.

Ademais, sempre que a assinatura do contrato ocorrer em exercício diverso daquele em que for publicado o edital, deverá ser precedida da atualização dos estudos e demonstrações a que se referem os itens 1 e 2 acima.

Note-se que a parceria público-privada de concessão patrocinada em que mais de setenta por cento da remuneração da parceira privada for paga pela Administração Pública dependerá de autorização legislativa específica.

Os estudos de engenharia para a definição do valor do investimento da parceria público-privada deverão ter nível de detalhamento de anteprojeto e o valor dos investimentos para definição do preço de referência para a licitação será calculado com base em valores de mercado considerando o custo global de obras semelhantes no Brasil ou no exterior ou com base em sistemas de custos que utilizem como insumo valores de mercado do setor específico do projeto, aferidos, em qualquer caso, mediante orçamento sintético, elaborado por meio de metodologia expedita ou paramétrica.

O instrumento convocatório da parceria público-privada conterá minuta do contrato, indicará expressamente a submissão da licitação às normas da Lei nº 11.079/2004 e, se cabível, observará o disposto nos parágrafos 3º e 4º do artigo 15, os artigos 18, 19 e 21 da Lei no 8.987/1995, podendo ainda prever exigência de garantia de proposta da licitante, observado o limite do inciso III do artigo 31 da Lei nº 8.666/1993, bem como o emprego dos mecanismos privados de resolução de disputas, inclusive a arbitragem, a ser realizada no Brasil e em língua portuguesa nos termos da Lei nº 9.307/1996 para dirimir conflitos decorrentes ou relacionados ao contrato. Além disso, o edital deverá especificar, quando houver, as garantias da contraprestação da parceira pública a serem concedidas à parceira privada.

O certame licitatório objetivando a contratação de parceria público-privada obedecerá ao procedimento previsto na legislação vigente sobre licitações e contratos administrativos e também:

1) o julgamento poderá ser precedido de etapa de qualificação de propostas técnicas, desclassificando-se as licitantes que não alcançarem a pontuação mínima, as quais não participarão das etapas seguintes; o julgamento poderá adotar como critérios, além dos previstos nos

incisos I e V do artigo 15 da Lei nº 8.987/1995, os seguintes: menor valor da contraprestação a ser paga pela Administração Pública e melhor proposta em razão da combinação do critério do menor valor da contraprestação com o de melhor técnica, de acordo com os pesos estabelecidos no edital;

2) o edital definirá a forma de apresentação das propostas econômicas, admitindo-se: propostas escritas em envelopes lacrados ou propostas escritas, seguidas de lances em viva voz, porém, neste segundo caso os lances em viva voz serão sempre oferecidos na ordem inversa da classificação das propostas escritas, sendo vedado ao edital limitar a quantidade de lances; quando a proposta escrita for no máximo vinte por cento maior que o valor da melhor proposta, o edital poderá restringir aos licitantes a apresentação de lances em viva voz;

3) o edital poderá prever a possibilidade de saneamento de falhas, de complementação de insuficiências ou ainda de correções de caráter formal no curso do procedimento, desde que a licitante possa satisfazer as exigências dentro do prazo fixado no instrumento convocatório.

O exame de propostas técnicas para fins de qualificação ou julgamento será feito por ato motivado com base em exigências, parâmetros e indicadores de resultado pertinentes ao objeto, definidos com clareza e objetividade no edital.

O edital poderá prever a inversão da ordem das fases de habilitação e julgamento, hipótese em que encerrada a fase de classificação das propostas ou o oferecimento de lances, será aberto o invólucro com os documentos de habilitação da licitante mais bem classificado, para verificação do atendimento das condições fixadas no edital; verificado o atendimento das exigências do edital, o licitante será declarado vencedor; inabilitado o licitante melhor classificado, serão analisados os documentos habilitatórios do licitante com a proposta classificada em segundo lugar, e assim, sucessivamente, até que uma licitante classificada atenda às condições fixadas no edital, por fim, proclamado o resultado final do certame o objeto será adjudicado à vencedora nas condições técnicas e econômicas por ela ofertadas.

2.7 - CARACTERÍSTICAS DO CONTRATO DE PARCERIA PÚBLICO-PRIVADA

Na parceria público-privada as cláusulas do contrato administrativo atenderão no que couber ao disposto no artigo 23 da Lei nº 8.987/1995, devendo prever também:

1) o prazo de vigência do contrato compatível com a amortização dos investimentos realizados não inferior a cinco nem superior a trinta e cinco anos, incluindo eventual prorrogação; as penalidades aplicáveis à Administração Pública e à parceira privada em caso de inadimplemento contratual fixadas sempre de forma proporcional à gravidade da falta cometida e às obrigações assumidas; a repartição de riscos entre as partes, inclusive os referentes a caso fortuito, força maior, fato do príncipe e álea econômica extraordinária; as formas de remuneração e de atualização dos valores contratuais;

2) os mecanismos para a preservação da atualidade da prestação dos serviços; os fatos que caracterizem a

inadimplência pecuniária da parceira pública, os modos e o prazo de regularização e a forma de acionamento da garantia, quando houver; os critérios objetivos de avaliação do desempenho da parceira privada; a prestação pela parceira privada de garantias de execução suficientes e compatíveis com os ônus e riscos envolvidos, observados os limites dos parágrafos 3º e 5º do artigo 56 da Lei nº 8.666/1993 e no caso da concessão patrocinada, o disposto no inciso XV do artigo 18 da Lei nº 8.987/1995;

3) o compartilhamento com a Administração Pública de ganhos econômicos efetivos da parceira privada decorrentes da redução do risco de crédito dos financiamentos utilizados pela parceira privada; a realização de vistoria dos bens reversíveis, podendo a parceira pública reter os pagamentos à parceira privada no valor necessário para reparar as irregularidades eventualmente detectadas; o cronograma e os marcos para o repasse à parceira privada das parcelas do aporte de recursos na fase de investimentos do projeto e/ou após a disponibilização dos serviços, sempre que verificada a hipótese do parágrafo 2º do artigo 6º da Lei nº 11.079/2004.

Quando houver, as cláusulas contratuais de atualização automática de valores baseadas em índices e fórmulas matemáticas serão aplicadas sem necessidade de homologação pela Administração Pública, exceto se esta publicar na imprensa oficial, onde houver, razões fundamentadas na Lei nº 11.079/2004 ou no contrato para a rejeição da atualização em até o prazo de quinze dias após apresentação da fatura.

Os contratos de parceria público-privada poderão prever adicionalmente:

1) os requisitos e condições em que a parceira pública autorizará a transferência do controle ou a administração temporária da sociedade de propósito específico aos seus financiadores e garantidores com quem não mantenha vínculo societário direto, com o objetivo de promover a sua reestruturação financeira e assegurar a continuidade da prestação dos serviços, não se aplicando para este efeito o previsto no inciso I do parágrafo único do artigo 27 da Lei nº 8.987/1995;

2) a possibilidade de emissão de empenho em nome dos financiadores do projeto em relação às obrigações pecuniárias da Administração Pública e a legitimidade dos financiadores do projeto para receber indenizações por extinção antecipada do contrato, bem como pagamentos efetuados pelos fundos e empresas estatais garantidores de parcerias público-privadas.

No caso do item 1, considera-se o controle da sociedade de propósito específico a propriedade resolúvel de ações ou quotas por seus financiadores e garantidores que atendam aos requisitos do artigo 116 da Lei nº 6.404/1976; a administração temporária da sociedade de propósito específico pelos financiadores e garantidores quando, sem a transferência da propriedade de ações ou quotas, forem outorgados os poderes de: a) indicar os membros do conselho de administração a serem eleitos em assembleia geral pelos acionistas, nas sociedades regidas pela Lei nº 6.404/1976 ou administradores a serem eleitos pelos quotistas, nas demais sociedades; b) indicar os membros do conselho fiscal, a serem eleitos pelos acionistas ou quotistas controladores em assembleia geral; c) exercer poder de veto sobre qualquer proposta submetida à votação dos acionistas ou quotistas da concessionária que representem ou possam representar prejuízos e outros poderes necessários ao alcance dos fins previstos no contrato.

A administração temporária autorizada e com prazo disciplinado pela Administração Pública não acarretará responsabilidade aos financiadores e garantidores em relação à tributação, encargos, ônus, sanções, obrigações ou compromissos com terceiros, inclusive com a Administração Pública ou empregados.

A contraprestação da Administração Pública nos contratos de parceria público-privada poderá ser feita por ordem bancária, cessão de créditos não tributários, outorga de direitos em face da Administração Pública, outorga de direitos sobre bens públicos dominicais e outros meios admitidos em lei.

O contrato poderá prever o pagamento à parceira privada de remuneração variável vinculada ao seu desempenho, conforme metas e padrões de qualidade e disponibilidade definidos no contrato.

O contrato poderá prever o aporte de recursos em favor da parceira privada para a realização de obras e aquisição de bens reversíveis, nos termos dos incisos X e XI do caput do artigo 18 da Lei nº 8.987/1995, desde que autorizado no edital de licitação nos contratos novos ou em lei específica nos contratos celebrados até 08/08/2012. Por ocasião da extinção do contrato, a parceira privada não receberá indenização pelas parcelas de investimentos vinculados a bens reversíveis ainda não amortizadas ou depreciadas, quando tais investimentos houverem sido realizados com valores provenientes do aporte de recursos.

O valor do aporte de recursos realizado poderá ser excluído da determinação do lucro líquido para fins de apuração do lucro real e da base de cálculo da contribuição social sobre o lucro líquido; da base de cálculo da contribuição para o PIS/Pasep, da contribuição para o financiamento da seguridade social e da base de cálculo da contribuição previdenciária sobre a receita bruta devida pelas empresas referidas nos artigos 7º e 8º da Lei nº 12.546/2011, a partir de 01/01/2015.

Ocorrendo a extinção da concessão antes do advento do termo contratual, o saldo da parcela excluída e ainda não adicionado deverá ser computado na determinação do lucro líquido para fins de apuração do lucro real, da base de cálculo da cálculo da contribuição social sobre o lucro líquido, da base de cálculo da contribuição para o PIS/Pasep, da contribuição para financiamento da seguridade social e da contribuição previdenciária sobre a receita bruta no período de apuração da extinção.

Até 31/12/2013 para os optantes conforme o artigo 75 da Lei nº 12.973/2014 e até 31/12/2014 para os não optantes, a parcela excluída deverá ser computada na determinação do lucro líquido para fins de apuração do lucro real, da base de cálculo da cálculo da contribuição social sobre o lucro líquido, da base de cálculo da contribuição para o PIS/Pasep e da contribuição para financiamento da seguridade social, na proporção em que o custo para a realização de obras e aquisição de bens for realizado, inclusive mediante depreciação ou extinção da concessão, nos termos do artigo 35 da Lei nº 8.987/1995.

A partir de 01/01/2014 para os optantes conforme o artigo 75 da Lei nº 12.973/2014 e de 01/01/2015 para os não optantes, a parcela excluída deverá ser computada na determinação do lucro líquido para fins de apuração do lucro real, da base de cálculo da cálculo da contribuição social sobre o lucro líquido, da base de cálculo da contribuição para o PIS/Pasep e da contribuição para financiamento da seguridade social em cada período de apuração durante o prazo restante do contrato, considerado a partir do início da prestação dos serviços públicos. O valor a ser adicionado em cada período de apuração deve ser o valor da parcela excluída dividida pela quantidade de períodos de apuração contidos no prazo restante do contrato.

Para os contratos de concessão em que a concessionária já tenha iniciado a prestação dos serviços públicos nas datas referidas acima, as adições subsequentes serão realizadas em cada período de apuração durante o prazo restante do contrato, considerando o saldo remanescente ainda não adicionado. Aplicam-se às receitas auferidas pelo parceiro privado, o regime de apuração e as alíquotas da contribuição para o PIS/Pasep e da contribuição para financiamento da seguridade social aplicáveis às suas receitas decorrentes da prestação dos serviços públicos.

A parcela excluída da determinação da base de cálculo da contribuição previdenciária sobre a receita bruta deverá ser computada na determinação da base de cálculo da mesma contribuição previdenciária em cada período de apuração durante o prazo restante previsto no contrato para construção, recuperação, reforma, ampliação ou melhoramento da infraestrutura que será utilizada na prestação de serviços públicos. Neste caso, o valor a ser adicionado em cada período de apuração deve ser o valor da parcela excluída dividida pela quantidade de períodos de apuração contidos no prazo restante previsto no referido contrato.

A contraprestação da Administração Pública será obrigatoriamente precedida da disponibilização do serviço objeto do contrato de parceria público-privada. Nos termos do contrato é facultado à parceira pública efetuar o pagamento da contraprestação relativa à parcela fruível do serviço objeto do contrato de parceria público-privada. Já o aporte de recursos, quando realizado durante a fase dos investimentos a cargo da parceira privada, deverá guardar proporcionalidade com as etapas efetivamente executadas.

2.8 - DISPOSIÇÕES LEGAIS APLICÁVEIS APENAS À UNIÃO

Além da autorização dada à União, suas autarquias e fundações públicas para a criação do Fundo Garantidor de Parcerias Público-Privadas-FGP já mostrado acima, a Lei nº 11.079/2004 determinou a instituição por decreto de órgão gestor de parcerias público-privadas federais com competência para definir os serviços prioritários para execução no regime de parceria público-privada, disciplinar os procedimentos para celebração desses contratos, autorizar a abertura da licitação e aprovar seu edital e apreciar os relatórios de execução dos contratos.

Em atendimento à determinação legal, o Decreto nº 9.784/2019 estipulou que o órgão gestor de parceria público-privada federal é o Ministério da Economia que remeterá ao Congresso Nacional e ao Tribunal de Contas da União, com periodicidade anual, relatórios de desempenho dos contratos de parcerias público-privadas.

Em atendimento à diretriz de transparência dos procedimentos e das decisões, ressalvadas as informações classificadas como sigilosas, os relatórios serão disponibilizados ao público por meio de rede pública de transmissão de dados.

A Câmara dos Deputados e o Senado Federal, por meio de atos das respectivas Mesas, poderão dispor sobre a instituição de órgão gestor de parceria público-privada no caso de parcerias público-privadas por eles realizadas, mantida a competência do Ministério da Economia quanto à viabilidade da concessão da garantia e à sua forma, relativamente aos riscos para o Tesouro Nacional e ao cumprimento do limite de que trata o artigo 22 da Lei nº 11.079/2004.

Compete aos ministérios e às agências reguladoras, nas suas respectivas áreas de competência, submeter o edital de licitação ao órgão gestor de parceria público-privada, proceder à licitação, acompanhar e fiscalizar os contratos de parceria público-privada. Encaminharão ao órgão gestor de parceria público-privada federal, com periodicidade semestral, relatórios circunstanciados acerca da execução dos contratos de parceria público-privada, na forma definida em regulamento.

A União somente poderá contratar parceria público-privada quando a soma das despesas de caráter continuado derivadas do conjunto das parcerias já contratadas não tiver excedido no ano anterior a um por cento da receita corrente líquida do exercício e as despesas anuais dos contratos vigentes nos dez anos subsequentes não excedam a um por cento da receita corrente líquida projetada para os respectivos exercícios.

A União está legalmente autorizada a conceder incentivo, nos termos do Programa de Incentivo à Implementação de Projetos de Interesse Social-PIPS instituído pela Lei nº 10.735/2003, às aplicações em fundos de investimento, criados por instituições financeiras, em direitos creditórios provenientes dos contratos de parcerias público-privadas.

O Conselho Monetário Nacional estabelecerá na forma da legislação pertinente as diretrizes para a concessão de crédito destinado ao financiamento de contratos de parcerias público-privadas, bem como para participação de entidades fechadas de previdência complementar. A Secretaria do Tesouro Nacional editará, na forma da legislação pertinente, normas gerais relativas à consolidação das contas públicas aplicáveis aos contratos de parceria público-privada.

Capítulo 3

AGÊNCIA REGULADORA DE SERVIÇO PÚBLICO

A criação de agencia reguladora de serviço público no âmbito federal iniciou-se a partir do ano de 1996, após a alteração da Constituição Federal de 1988 pelas Emendas Constitucionais números 08 e 09/1995. É instituída por lei específica como autarquia especial de estrutura colegiada com a finalidade de regular e fiscalizar os serviços públicos concedidos prestados por entidades privadas.

A agencia reguladora de serviço público exerce os poderes até então desempenhados pela própria Administração Pública como poder concedente de serviços públicos, seja em concessão comum ou parceria público-privada outorgada à entidade privada, após a realização do competente procedimento licitatório.

Como uma autarquia especial, a agencia reguladora de serviço público atua com mais flexibilidade possibilitando ações ágeis e tomada de decisões com rapidez, executando em condições idênticas e com os mesmos privilégios os serviços próprios da Administração Pública, sendo, portanto, passível dos mesmos controles dos atos que praticar.

Com efeito, a agencia reguladora de serviço público é uma autarquia especial de estrutura colegiada criada por lei específica para normatizar, aplicar as normas legais, regulamentares e contratuais de serviço sob sua competência, outorgar e rescindir contratos de concessão comum e de parceria público-privada, fiscalizar os serviços públicos concedidos e atuar como instância decisória dos conflitos entre as empresas concessionárias ou parceiras privadas e os usuários dos serviços públicos concedidos.

3.1 - ALGUMAS CARACTERÍSTICAS DA AGÊNCIA REGULADORA DE SERVIÇO PÚBLICO

A agencia reguladora de serviço público é uma entidade integrante da Administração Pública indireta submetida a regime autárquico especial e vinculada ao órgão da Administração Pública direta supervisor competente da sua área de atuação, criada por lei específica e instituída por decreto que aprova o seu regulamento. A partir daí a sua implantação se completa pelos atos normativos da sua diretoria colegiada, editados na forma disposta no seu regulamento e na legislação pertinente.

A natureza de autarquia especial conferida à agência reguladora de serviço público é caracterizada pela ausência de tutela ou de subordinação hierárquica, pela autonomia funcional, decisória, administrativa e financeira e pela investidura a termo de seus dirigentes e estabilidade durante os mandatos. Atuará como autoridade administrativa independente com as prerrogativas legais necessárias ao exercício adequado de sua competência. Assim como a sua criação, a extinção da agência somente ocorrerá por lei específica. Ocorrendo a extinção, todo o patrimônio da agência reincorpora-se no do Poder Executivo que a criou.

Ao ser criada a agência reguladora de serviço público, o seu patrimônio inicial é formado com a transferência de bens móveis e imóveis do órgão da Administração Pública direta a que está vinculada, os quais se incorporam ao ativo da nova entidade jurídica. A transferência é feita com dispensa de registro quando realizada pela própria lei que criá-la ou pela transcrição de escritura pública no competente cartório de registro de imóveis no caso em que a referida lei somente autorizar a transferência.

No âmbito federal, a agência reguladora de serviço público e eventuais fundos a ela vinculados, deverão corresponder a um órgão setorial dos sistemas de planejamento e de orçamento federal, de administração financeira federal, de pessoal civil da administração federal, de organização e inovação institucional, de administração dos recursos de tecnologia da informação e de serviços gerais.

A autonomia administrativa da agência reguladora de serviço público é caracterizada pelas seguintes competências: a) solicitar diretamente ao Ministério da Economia: autorização para a realização de concursos públicos; provimento dos cargos autorizados em lei para seu quadro de pessoal, observada a disponibilidade orçamentária; alterações no respectivo quadro de pessoal, fundamentadas em estudos de dimensionamento, bem como alterações nos planos de carreira de seus servidores; b) conceder diárias e passagens em deslocamentos nacionais e internacionais e autorizar afastamentos do país a servidores da agência; c) celebrar contratos administrativos e prorrogar contratos em vigor relativos a atividades de custeio, independentemente do valor.

A agência reguladora de serviço público elaborará relatório anual circunstanciado de suas atividades destacando o cumprimento da política do setor regulado definida pelos Poderes Legislativo e Executivo e o cumprimento do plano estratégico e do plano de gestão anual com o objetivo de aperfeiçoar o acompanhamento das ações da agência, inclusive de sua gestão, promovendo maior transparência e controle social; aperfeiçoar as relações de cooperação da agência com a Administração Pública, em particular no cumprimento das políticas públicas definidas em lei; promover o aumento da eficiência e da qualidade dos serviços da agência de forma a melhorar o seu desempenho, bem como incrementar a satisfação dos interesses da sociedade, com foco nos resultados; permitir o acompanhamento da atuação administrativa e a avaliação da gestão da agência.

O relatório anual de atividades deverá conter sumário executivo e será elaborado em consonância com o relatório de gestão integrante da prestação de contas da agência reguladora de serviço público, nos termos do artigo 9º da Lei nº 8.443/1992, devendo ser encaminhado pela agência, por escrito, no prazo de até noventa dias após a abertura da sessão legislativa do Congresso Nacional, ao dirigente do ministério a que estiver vinculada, ao Senado Federal, à Câmara dos Deputados e ao Tribunal de Contas da União, bem como ser disponibilizado aos interessados na sede da agência e no seu sítio na internet.

Cabe ao presidente, diretor presidente ou diretor geral da agência reguladora de serviço público o dever de cumprir o prazo estabelecido, sob pena de responsabilidade. Em cada exercício, a agência deverá implementar plano de comunicação voltado à divulgação com caráter informativo e educativo de suas atividades e dos direitos dos usuários perante a agência e as empresas do setor regulado.

A agência reguladora de serviço público elaborará para cada período quadrienal plano estratégico com os objetivos, as metas e os resultados estratégicos esperados das suas ações relativos à sua gestão e a suas competências regulatórias, fiscalizatórias e normativas, bem como a indicação dos fatores externos alheios ao seu controle que poderão afetar significativamente o cumprimento do referido plano. O plano estratégico será compatível com o disposto no plano plurianual vigente e será revisto, periodicamente, com vistas a sua adequação permanente. No prazo máximo de dez dias úteis contado da aprovação do plano estratégico pelo conselho diretor ou pela diretoria colegiada, a agência disponibilizá-lo-á no seu sítio na internet.

Já o plano de gestão anual que é alinhado às diretrizes estabelecidas no plano estratégico será o instrumento anual do planejamento consolidado da agência reguladora de serviço público e contemplará ações, resultados e metas relacionados aos seus processos finalísticos e de gestão.

No plano de gestão anual da agência reguladora de serviço público deverão ser especificadas minimante as metas de desempenho administrativo e operacional e as metas de fiscalização a serem atingidas durante sua vigência, as quais deverão ser compatíveis com o plano estratégico. As metas de desempenho administrativo e operacional incluirão de forma obrigatória as ações relacionadas a promoção da qualidade dos serviços prestados pela agência, o fomento à pesquisa no setor regulado pela agência e a cooperação com os órgãos de defesa da concorrência, com os órgãos de defesa do consumidor e de defesa do meio ambiente, quando cabível. Da mesma forma o referido plano deverá prever estimativa de recursos orçamentários e cronograma de desembolso dos recursos financeiros necessários ao alcance das metas definidas.

O plano de gestão anual da agência reguladora de serviço público será aprovado pelo conselho diretor ou pela diretoria colegiada da agência com antecedência mínima de dez dias úteis do início de seu período de vigência e poderá ser revisto periodicamente para sua adequação. No prazo máximo de vinte dias úteis contado da aprovação do plano de gestão anual pelo conselho diretor ou pela diretoria colegiada, a agência dará ciência de seu conteúdo ao Senado Federal, à Câmara dos Deputados e ao Tribunal de Contas da União e o manterá disponível na sua sede e no seu sítio na internet.

A agência reguladora de serviço público implementará no seu âmbito de atuação a agenda regulatória, alinhada com os objetivos do plano estratégico e integrará o plano de gestão anual, que é o instrumento de planejamento da atividade normativa que conterá o conjunto dos temas prioritários a serem regulamentados pela agência durante sua vigência. Essa agenda regulatória será aprovada pelo conselho diretor ou pela diretoria colegiada da agência e será disponibilizada na sua sede e no seu sítio na internet.

Constituem receitas da agência reguladora de serviço público as dotações que forem consignadas no orçamento geral da União para cada agência, créditos especiais, transferências e repasses; os produtos das arrecadações de taxas de regulação ou fiscalização da prestação de serviços e de exploração de infraestrutura atribuídas a cada agência; os recursos provenientes de convênios, acordos ou contratos celebrados com órgãos ou entidades federais, estaduais e municipais, empresas públicas ou privadas, nacionais ou estrangeiras, organismos internacionais; recursos provenientes da prestação de serviços de natureza contratual, inclusive pelo fornecimento de publicações, material técnico, dados e informações, ainda que para fins de licitação pública, de emolumentos administrativos e de taxa de inscrição de concurso público.

E ainda: os valores de multas aplicadas nos termos dos contratos e dos regulamentos; os rendimentos de operações financeiras que realizar; os recursos das receitas que sejam produto da cobrança pelo direito de exploração dos serviços; os recursos provenientes dos instrumentos de outorga e arrendamento administrados pela respectiva agência; os recursos de fundo específico da agência; rendas eventuais e outros recursos que lhe forem destinados; outras receitas, inclusive as resultantes de aluguel ou alienação de bens, da aplicação de valores patrimoniais, de operações de crédito, de doações, legados e subvenções.

O orçamento da agência reguladora de serviço público será aprovado por decreto do Poder Executivo, salvo se disposição legal expressa determinar que o seja pelo Poder Legislativo. Esse orçamento vincular-se-á ao orçamento do Poder Executivo que a criou, pela inclusão: a) como receita, salvo disposição legal em contrário, de saldo positivo previsto entre os totais das receitas e despesas; b) como subvenção econômica, na receita do orçamento da beneficiária, salvo disposição legal em contrário, do saldo negativo previsto entre os totais das receitas e despesas.

Os investimentos ou inversões financeiras do Poder Executivo criador da agência reguladora de serviço público, realizados por intermédio da referida agência, serão classificados como receita de capital desta e despesa de transferência de capital daquele. As previsões para depreciação serão computadas para efeito de apuração do saldo líquido da agência.

O orçamento e balanço da agência reguladora de serviço público será publicado como complemento dos orçamentos e balanços do Poder Executivo que a criou a que esteja vinculada. Obedecerá aos padrões e normas instituídas pela Lei nº 4.320/1964 e adequará ao disposto no artigo 165, parágrafo 5º da Constituição Federal de 1988, ajustados às respectivas peculiaridades. Dentro do prazo legal fixado, o mesmo será remetido ao órgão central de contabilidade do Poder Executivo que a criou para fins de incorporação dos resultados, salvo disposição legal em contrário.

O conselho diretor ou diretoria da agência reguladora de serviço público atua em regime de colegiado. Os atos dos dirigentes da agência equiparam-se aos atos administrativos. Em razão disso, observarão os mesmos requisitos para sua expedição, com atendimento específico das normas regulamentares e regimentais da agência, sujeitando-se aos controles internos e externos, bem como ao exame do Poder Judiciário.

Os membros dirigentes da agência reguladora de serviço público no âmbito federal serão brasileiros de reputação ilibada, com formação acadêmica compatível com o cargo para o qual foi indicado, elevado conceito no campo de sua especialidade e ter cumulativamente experiência profissional mínima conforme previsão legal pertinente, devendo ser escolhidos e nomeados pelo Presidente da República para cumprir mandatos fixos e não coincidentes, pelo prazo cinco anos. A nomeação dependerá de prévia aprovação do Senado Federal. No caso de agência criada pelo Poder Executivo nos Estados, Distrito Federal e Municípios tem se estabelecido a prévia aprovação pelas respectivas Casas Legislativas.

Para integrar o conselho diretor ou a diretoria colegiada da agência reguladora de serviço público é vedada a indicação de Ministro de Estado, Secretário de Estado, Secretário Municipal, dirigente estatutário de partido político e titular de mandato no Poder Legislativo de qualquer ente da federação, ainda que licenciados dos cargos, bem como seus parentes consanguíneos ou afins até o terceiro grau; de pessoa que tenha atuado nos últimos trinta e seis meses como participante de estrutura decisória de partido político ou em trabalho vinculado a organização, estruturação e realização de campanha eleitoral; de pessoa que exerça cargo em organização sindical.

E também: de pessoa que tenha participação direta ou indireta em empresa ou entidade que atue no setor sujeito à regulação exercida pela agência ou que tenha matéria ou ato submetido à apreciação da agência; de pessoa que se enquadre nas hipóteses de inelegibilidade previstas no inciso I do caput do artigo 1º da Lei Complementar nº 64/1990; de membro de conselho ou de diretoria de associação regional ou nacional representativa de interesses patronais ou trabalhistas ligados às atividades reguladas pela respectiva agência.

Aos membros do conselho diretor ou da diretoria colegiada agência reguladora de serviço público é vedado: a) receber, a qualquer título e sob qualquer pretexto, honorários, percentagens ou custas; exercer qualquer outra atividade profissional, ressalvado o exercício do magistério, havendo compatibilidade de horários; participar de sociedade simples ou empresária ou de empresa de qualquer espécie, na forma de controlador, diretor, administrador, gerente, membro de conselho de administração ou conselho fiscal, preposto ou mandatário; b) emitir parecer sobre matéria de sua especialização, ainda que em tese, ou atuar como consultor de qualquer tipo de empresa; exercer atividade sindical; exercer atividade político-partidária; estar em situação de conflito de interesse, nos termos da Lei nº 12.813/2013.

Os dirigentes da agência reguladora de serviço público somente perderão o mandato em virtude de renúncia, de condenação judicial transitada em julgado ou de pena demissória decorrente de processo administrativo disciplinar e por infringência de quaisquer das vedações previstas no artigo 8º-B da Lei nº 13.848/2019.

Por ocasião do período de vacância que anteceder a nomeação de novo titular do conselho diretor ou da diretoria colegiada da agência reguladora de serviço público, exercerá o cargo vago um integrante da lista de substituição formada por três servidores da agência, ocupantes dos cargos de superintendente, gerente geral ou equivalente hierárquico, escolhidos e designados pelo Presidente da República entre os indicados pelo conselho diretor ou pela diretoria colegiada, observada a ordem de precedência constante do ato de designação para o exercício da substituição.

Para tanto, o conselho diretor ou a diretoria colegiada da agência reguladora de serviço público indicará ao Presidente da República três nomes para cada vaga na lista de substituição. Na ausência da designação dos integrantes da lista de substituição até 31 de janeiro do ano subsequente à indicação, exercerá o cargo vago, interinamente, o superintendente ou o titular de cargo equivalente, na agência reguladora, com maior tempo de exercício na função.

Cada servidor permanecerá por no máximo dois anos contínuos na lista de substituição, somente podendo ser reconduzido a ela após dois anos. Em caso de vacância de mais de um cargo no conselho diretor ou na diretoria colegiada da agência reguladora de serviço público, os substitutos serão chamados na ordem de precedência na lista, observado o sistema de rodízio.

O mesmo substituto não exercerá interinamente o cargo por mais de cento e oitenta dias contínuos, devendo ser convocado outro substituto, na ordem da lista, caso a vacância ou o impedimento do membro do conselho diretor ou da diretoria colegiada da agência reguladora de serviço público se estenda além desse prazo.

Ao substituto aplicam-se os requisitos subjetivos quanto à investidura, às proibições e aos deveres impostos aos membros do conselho diretor ou da diretoria colegiada da agência reguladora de serviço público, enquanto permanecer no cargo.

O membro do conselho diretor ou da diretoria colegiada da agência reguladora de serviço público fica impedido para o exercício de atividade ou de prestar qualquer serviço no setor regulado pela respectiva agência, por um período de seis meses, contados da exoneração ou do término do seu mandato. Essa regra aplica-se, inclusive, aquele exonerado a pedido, se este já tiver cumprido pelo menos seis meses do seu mandato. Inclui-se nesse período eventuais períodos de férias não gozadas. Aquele que violar o impedimento incorre na prática de crime de advocacia administrativa, sujeitando-se às penas da lei, sem prejuízo das demais sanções cabíveis, administrativas e civis.

Durante o período do seu impedimento, o ex-dirigente ficará vinculado à agência da agência reguladora de serviço público, fazendo jus a remuneração compensatória equivalente à do cargo de direção que exerceu e aos benefícios a ele inerentes. Na hipótese do mesmo ser servidor público, poderá ele optar pelo retorno ao desempenho das funções de seu cargo efetivo ou emprego público, desde que não haja conflito de interesse.

Por determinação do artigo 6º da Lei nº 10.871/2004, o pessoal da agência reguladora de serviço público está sujeito ao regime jurídico instituído na Lei nº 8.112/1990. Estando sujeito às proibições de acumulação remunerada de cargos, empregos e funções, previstas nos incisos XVI e XVII do artigo 37 da Constituição Federal de 1988.

Nos termos do artigo 37 e parágrafo único da Lei nº 9.986/2000, a aquisição de bens e a contratação de serviços pela agência reguladora de serviço público podem ser feitas nas modalidades de consulta e pregão, observados os artigos 55 a 58 da Lei nº 9.472/1997, nos termos de regulamento próprio. Já as contratações referentes a obras e serviço de engenharia, as modalidades ficam subordinadas à Lei 8.666/1993.

A consulta e o pregão são disciplinados pela agência reguladora de serviço público, observadas as disposições da Lei nº 9.472/1997 e especialmente: a finalidade do procedimento licitatório é obter um contrato econômico, satisfatório e seguro para a agência, por meio de disputa justa entre interessados; o instrumento convocatório identificará o objeto do certame, circunscreverá o universo de proponentes, estabelecerá critérios para aceitação e julgamento de propostas, regulará o procedimento, indicará as sanções aplicáveis e fixará as cláusulas do contrato; o objeto será determinado de forma precisa, suficiente e clara, sem especificações que, por excessivas, irrelevantes ou desnecessárias, limitem a competição; a qualificação, exigida indistintamente dos proponentes, deverá ser compatível e proporcional ao objeto, visando à garantia do cumprimento das futuras obrigações; como condição de aceitação da proposta, o interessado declarará estar em situação regular perante as fazendas públicas e a seguridade social, fornecendo seus códigos de inscrição, exigida a comprovação como condição indispensável à assinatura do contrato.

E ainda: o julgamento observará os princípios de vinculação ao instrumento convocatório, comparação objetiva e justo preço, sendo o empate resolvido por sorteio; as regras procedimentais assegurarão adequada divulgação do instrumento convocatório, prazos razoáveis para o preparo de propostas, os direitos ao contraditório e ao recurso, bem como a transparência e fiscalização; a habilitação e o julgamento das propostas poderão ser decididos em uma única fase, podendo a habilitação, no caso de pregão, ser verificada apenas em relação ao licitante vencedor; quando o vencedor não celebrar o contrato, serão chamados os demais participantes na ordem de classificação; somente serão aceitos certificados de registro cadastral expedidos pela agência, que terão validade por dois anos, devendo o cadastro estar sempre aberto à inscrição dos interessados.

A disputa pelo fornecimento de bens e serviços comuns poderá ser feita em licitação na modalidade de pregão, restrita aos previamente cadastrados, que serão chamados a formular lances em sessão pública. Encerrada a etapa competitiva, a comissão licitatória examinará a melhor oferta quanto ao objeto, forma e valor.

O pregão será aberto a quaisquer interessados, independentemente de cadastramento, verificando-se a um só tempo, após a etapa competitiva, a qualificação subjetiva e a aceitabilidade da proposta, nas seguintes hipóteses: para a contratação de bens e serviços comuns de alto valor, na forma do regulamento; quando o número de cadastrados na classe for inferior a cinco; para o registro de preços, que terá validade por até dois anos; quando o conselho diretor ou a diretoria colegiada da agência assim o decidir. Já a licitação na modalidade de consulta tem por objeto o fornecimento de bens e serviços não compreendidos na modalidade de pregão. A decisão ponderará o custo e o benefício de cada proposta, considerando a qualificação do proponente.

Através de contrato, a agência reguladora de serviço público poderá utilizar técnicos ou empresas especializadas, inclusive consultores independentes e auditores externos, para executar atividades de sua competência. É vedada a contratação para as atividades de fiscalização, salvo para as correspondentes atividades de apoio.

3.2 - PODER NORMATIVO DA AGÊNCIA REGULADORA DE SERVIÇO PÚBLICO

A agencia reguladora de serviço público foi criada como ente regulador com a finalidade de regular e fiscalizar o serviço público concedido, visando equilibrar e harmonizar as ações entre a Administração Pública, as concessionárias ou parceiras privadas e os usuários dos serviços públicos prestados. Isso para propiciar que os serviços públicos concedidos sejam oferecidos com qualidade, generalidade, continuidade, regularidade, atualidade, eficiência, modicidade de tarifa e cortesia.

Nos termos dos dispositivos previstos na sua lei criadora, a agencia reguladora de serviço público caracteriza-se pelo exercício simultâneo de três funções distintas entre si, o exercício de atividades administrativas, a mediação de litígios entre os envolvidos no processo regulatório, como na elaboração de normas regulatórias sobre matérias de sua competência e especialidade pertinentes a determinado serviço público.

A agência reguladora de serviço público deverá decidir as matérias submetidas a sua apreciação nos prazos fixados na legislação pertinente e no caso de omissão, nos prazos estabelecidos em seu regimento interno. Nas atividades desenvolvidas durante o seu processo decisório, a agência deverá observar a devida adequação entre meios e fins, vedada a imposição de obrigações, restrições e sanções em medida superior àquela necessária ao atendimento do interesse público. Devendo indicar os pressupostos de fato e de direito que determinarem suas decisões, inclusive a respeito da edição ou não de atos normativos.

A adoção e as propostas de alteração de atos normativos de interesse geral das empresas do setor regulado e usuários dos serviços públicos prestados serão precedidas da realização de análise de impacto regulatório, que conterá informações e dados sobre os possíveis efeitos do ato normativo.

O conselho diretor ou a diretoria colegiada da agência reguladora de serviço público manifestará em relação ao relatório de análise de impacto regulatório sobre a adequação da proposta de ato normativo aos objetivos pretendidos, indicando se os impactos estimados recomendam sua adoção e, quando for o caso, quais os complementos necessários. Essa manifestação integrará juntamente com o relatório de análise de impacto regulatório a documentação a ser disponibilizada aos interessados para a realização de consulta ou de audiência pública, caso o conselho diretor ou a diretoria colegiada decida pela continuidade do procedimento administrativo. Já naqueles casos em que não for realizada a análise de impacto regulatório, deverá ser disponibilizada, no mínimo, nota técnica ou documento equivalente que tenha fundamentado a proposta de decisão.

O processo de decisão da agência reguladora de serviço público referente a regulação terá caráter colegiado. O conselho diretor ou a diretoria colegiada da agência deliberará por maioria absoluta dos votos de seus membros, entre eles o presidente, diretor presidente ou diretor geral. É facultado à agência adotar processo de delegação interna de decisão, sendo assegurado ao conselho diretor ou à diretoria colegiada o direito de reexame das decisões delegadas.

As reuniões deliberativas do conselho diretor ou da diretoria colegiada da agência reguladora de serviço público serão públicas e gravadas em meio eletrônico, salvo nos casos de documentos classificados como sigilosos e matéria de natureza administrativa. A pauta de reunião deliberativa deverá ser divulgada no sítio da agência na internet com antecedência mínima de três dias úteis. Somente poderá ser deliberada matéria que conste da pauta de reunião divulgada. A critério do presidente, diretor presidente ou diretor geral, os referidos prazos não se aplicam às matérias urgentes e relevantes cuja deliberação não possa submeter-se aos prazos estabelecidos.

A gravação de cada reunião deliberativa deve ser disponibilizada aos interessados na sede da agência e no seu sítio na internet em até quinze dias úteis após o encerramento da reunião. A ata de cada reunião deliberativa deve ser disponibilizada aos interessados na sede da agência e no seu sítio na internet em até cinco dias úteis após sua aprovação.

As normas regulatórias elaboradas pela agencia reguladora de serviço público submetem-se à Constituição Federal de 1988 e à lei, não possuem efeito *ex tunc*, tem fundamentação precisa e não inova no ordenamento jurídico e nem versa sobre matéria de reserva legal, apenas implementa a vontade da lei, respeitando os seus limites e a sua forma legal. Objetiva, portanto, ao atendimento da necessidade de um regramento eminentemente técnico com mínima influência política.

Com efeito, o poder normativo da agência reguladora de serviço público restringe-se aos termos da sua lei criadora, aos dispositivos legais pertinentes e ao decreto regulamentar expedido pelo chefe do Poder Executivo. Esse poder objetiva atender à necessidade de uma normatização eminentemente técnica, com mínima influência de cunho político.

3.3 - CONTROLE DA AGÊNCIA REGULADORA DE SERVIÇO PÚBLICO

A agencia reguladora de serviço público como autarquia especial submete-se ao controle administrativo interno e externo, ao Tribunal de Contas, ao Ministério Público, ao controle social, ao Poder Legislativo e ao Poder Judiciário. O controle é realizado seguindo os preceitos legais, visando a prestação adequada do serviço público e evitando a prática de atos regulatórios abusivos e contrários à legislação vigente.

Na agência reguladora de serviço público devem ser adotadas práticas de gestão de riscos e de controle interno e a elaboração e divulgação de programa de integridade, com o objetivo de promover a adoção de medidas e ações institucionais destinadas à prevenção, à detecção, à punição e à remediação de fraudes e atos de corrupção.

A agência reguladora de serviço público elaborará relatório anual circunstanciado de suas atividades destacando o cumprimento da política do setor regulado definida pelos Poderes Legislativo e Executivo e o cumprimento do plano estratégico e do plano de gestão anual com o objetivo de aperfeiçoar o acompanhamento das ações da agência, inclusive de sua gestão, promovendo maior transparência e controle social; aperfeiçoar as relações de cooperação da agência com a Administração Pública, em particular no cumprimento das políticas públicas definidas em lei; promover o aumento da eficiência e da qualidade dos serviços da agência de forma a melhorar o seu desempenho, bem como incrementar a satisfação dos interesses da sociedade, com foco nos resultados; permitir o acompanhamento da atuação administrativa e a avaliação da gestão da agência.

O relatório anual de atividades deverá conter sumário executivo e será elaborado em consonância com o relatório de gestão integrante da prestação de contas da agência reguladora de serviço público, nos termos do artigo 9º da Lei nº 8.443/1992, devendo ser encaminhado pela agência, por escrito, no prazo de até noventa dias após a abertura da sessão legislativa do Congresso Nacional, ao dirigente do órgão da Administração Pública direta a que estiver vinculada, ao Senado Federal, à Câmara dos Deputados e ao Tribunal de Contas da União, bem como ser disponibilizado aos interessados na sede da agência e no seu sítio na internet.

Cabe ao presidente, diretor presidente ou diretor geral da agência reguladora de serviço público o dever de cumprir o prazo estabelecido, sob pena de responsabilidade. Em cada exercício, a agência deverá implementar plano de comunicação voltado à divulgação com caráter informativo e educativo de suas atividades e dos direitos dos usuários perante a agência e as empresas do setor regulado.

A agência reguladora de serviço público elaborará para cada período quadrienal plano estratégico com os objetivos, as metas e os resultados estratégicos esperados das suas ações relativos à sua gestão e a suas competências regulatórias, fiscalizatórias e normativas, bem como a indicação dos fatores externos alheios ao seu controle que poderão afetar significativamente o cumprimento do referido plano. O plano estratégico será compatível com o disposto no plano plurianual vigente e será revisto, periodicamente, com vistas a sua adequação permanente. No prazo máximo de dez dias úteis contado da aprovação do plano estratégico pelo conselho diretor ou pela diretoria colegiada, a agência disponibilizá-lo-á no seu sítio na internet.

O plano de gestão anual que é alinhado às diretrizes estabelecidas no plano estratégico será o instrumento anual do planejamento consolidado da agência reguladora de serviço público e contemplará ações, resultados e metas relacionados aos seus processos finalísticos e de gestão. Tal plano será aprovado pelo conselho diretor ou pela diretoria colegiada da agência com antecedência mínima de dez dias úteis do início de seu período de vigência e poderá ser revisto periodicamente para sua adequação.

No plano de gestão anual deverão ser especificadas minimamente as metas de desempenho administrativo e operacional e as metas de fiscalização a serem atingidas durante sua vigência, as quais deverão ser compatíveis com o plano estratégico. As metas de desempenho administrativo e operacional incluirão de forma obrigatória as ações relacionadas a promoção da qualidade dos serviços prestados pela agência, o fomento à pesquisa no setor regulado pela agência e a cooperação com os órgãos de defesa da concorrência, com os órgãos de defesa do consumidor e de defesa do meio ambiente, quando cabível. Da mesma forma, o referido plano deverá prever estimativa de recursos orçamentários e cronograma de desembolso dos recursos financeiros necessários ao alcance das metas definidas.

O plano de gestão anual será aprovado pelo conselho diretor ou pela diretoria colegiada da agência com antecedência mínima de dez dias úteis do início de seu período de vigência e poderá ser revisto periodicamente para sua adequação. No prazo máximo de vinte dias úteis contado da aprovação do plano de gestão anual pelo conselho diretor ou pela diretoria colegiada, a agência reguladora de serviço público dará ciência de seu conteúdo ao Senado Federal, à Câmara dos Deputados e ao Tribunal de Contas da União e o manterá disponível na sua sede e no seu sítio na internet.

A agência reguladora de serviço público implementará no seu âmbito de atuação a agenda regulatória, alinhada com os objetivos do plano estratégico e integrará o plano de gestão anual, que é o instrumento de planejamento da atividade normativa que conterá o conjunto dos temas prioritários a serem regulamentados pela agência durante sua vigência. Essa agenda regulatória será aprovada pelo conselho diretor ou pela diretoria colegiada da agência e será disponibilizada na sua sede e no seu sítio na internet.

3.3.1 - CONTROLE ADMINISTRATIVO INTERNO

Sendo uma autarquia especial responsável pelo controle de legalidade dos seus próprios atos, no controle administrativo interno a agencia reguladora de serviço público atua preventivamente através do setor de consultoria jurídico-administrativa da sua procuradoria jurídica evitando-se preventivamente a prática de atos administrativos contrários à lei ou revendo-os quando já tiverem sido praticados para corrigir ou anular os ilegais e revogar os inoportunos ou inconvenientes através da sua auditoria interna e corregedoria (quando esta existir).

3.3.2 - CONTROLE ADMINISTRATIVO EXTERNO

O controle administrativo externo da agencia reguladora de serviço público dá-se por intermédio de supervisão finalística exercida nos limites da lei pelo órgão da Administração Pública direta supervisor a que está vinculada no caso em que o ato administrativo questionado extrapole as competências legais da agência ou a inobservância das políticas públicas governamentais legitimamente traçadas.

No que se refere emprego adequado dos recursos públicos a agência reguladora de serviço público sujeita-se ao controle do Poder Executivo que é operado por sua controladoria geral mediante a verificação contábil, orçamentária, patrimonial, operacional e financeira, onde se confere a legalidade, legitimidade, economicidade, aplicação das subvenções e renúncia de receitas nos atos praticados pela agência no exercício regular da sua atribuição e competência.

Ademais, o controle administrativo externo da agência reguladora de serviço público opera-se também pelo Poder Executivo na escolha e nomeação dos seus dirigentes, bem como no seu controle orçamentário. O direito de petição previsto no artigo 5º, inciso XXXIV da Constituição Federal de 1988 é outra forma de controle administrativo externo a que a agência está submetida.

3.3.2.1 - CONTROLE PELO TRIBUNAL DE CONTAS

A agência reguladora de serviço público submete-se ao controle do Tribunal de Contas no que se refere ao dispêndio de recursos públicos. Esse controle se dá através da verificação contábil, orçamentária, patrimonial, operacional e financeira, onde se confere a legalidade, a legitimidade, a economicidade, a aplicação das subvenções e renúncia de receitas nos atos praticados pela agência no exercício regular da sua competência e atribuição.

Portanto, o Tribunal de Contas fiscaliza a atuação da agência reguladora de serviço público com o objetivo de avaliar através de auditorias as suas ações relacionadas aos aspectos de efetividade, eficiência, economicidade, eficácia, aplicação das subvenções e renúncia de receitas, bem como a promoção de recomendações visando aprimorar os procedimentos da agência, verificando o desempenho dela em relação às suas competências legais e regimentais.

Realizando auditoria orçamentária e financeira, julgando as contas dos administradores e responsáveis por bens e valores públicos, assim como emitindo parecer prévio sobre as contas prestadas anualmente pela agência reguladora de serviço público, o Tribunal de Contas atua de oficio e por provocação dos cidadãos, associações, sindicatos e partidos políticos que verifique a ocorrência de atos irregulares ou ilegais que configure o descumprimento de normas legais vigentes.

3.3.2.2 - CONTROLE PELO MINISTÉRIO PÚBLICO

Como instituição permanente essencial à função jurisdicional do Estado a quem incumbe a defesa da ordem jurídica, do regime democrático e dos interesses sociais e individuais indisponíveis, o Ministério Público exerce o controle direto na agência reguladora de serviço público verificando a legitimidade e legalidade da atividade desempenhada por ela para que harmonize com o ordenamento jurídico vigente.

O Ministério Público ao exercer o controle sobre a agência reguladora de serviço público tem o poder de investigar a sua atividade regulatória e o direito de ação para promover a responsabilização civil e criminal dos responsáveis pela ocorrência da prática de atos ilegítimos e ilegais. Assim, visando impedir que a agência desrespeite a legislação pertinente em vigor, pode formular pedidos de esclarecimentos ou propor as ações judiciais cabíveis.

Em razão das relevantes funções constitucionalmente atribuídas ao Ministério Público, atuando no controle da agência reguladora de serviço público pode utilizar o inquérito civil público para colher provas e informações sobre o desempenho das atividades exercidas pela agência e também mediante termo de ajuste de conduta que tem força de título executivo extrajudicial, pode celebrar acordo entre a agência, empresa regulada e/ou usuários do serviço público com a finalidade de impedir a continuidade da situação de ilegalidade, reparar o dano ao direito coletivo e evitar o ajuizamento da competente ação judicial.

Com efeito, sendo constatado a existência de atos regulatórios com defeitos previstos na legislação pertinente compete ao Ministério Público questioná-los para que a agência reguladora de serviço público adote as medidas que forem necessárias para regularizar o seu desempenho, visando melhorar os serviços públicos seja no atendimento das necessidades individuais e coletivas, seja no desenvolvimento econômico estratégico.

3.3.2.3 - CONTROLE SOCIAL

O controle social é o exercício de forma direta e efetiva pela sociedade nas ações de fiscalização das atividades desempenhadas pela agência reguladora de serviço público através de atuação junto à ouvidoria ou participação em conselho consultivo (quando existente), consulta pública e audiência pública, bem como do exercício do direito de petição.

No âmbito federal, a agência reguladora de serviço público terá uma ouvidoria cujo ocupante do cargo de ouvidor será escolhido e nomeado pelo Presidente da República após prévia aprovação do Senado Federal para mandato de três anos sem recondução, devendo ter notório conhecimento em administração pública ou em regulação de setores econômicos ou no campo específico de atuação da agência e não se enquadrar nas hipóteses de inelegibilidade previstas no inciso I do caput do artigo 1º da Lei Complementar nº 64/1990. Atuará sem subordinação hierárquica e exercerá suas atribuições sem acumulação com outras funções, terá acesso a todos os processos da agência e deverá manter em sigilo as informações que tenham caráter reservado ou confidencial.

O ouvidor contará com estrutura administrativa compatível com suas atribuições e com espaço em canal de comunicação e divulgação institucional da agência reguladora de serviço público. A ele é vedado ter participação direta ou indireta em empresa sob regulação da respectiva agência. No curso do seu mandato somente perderá o cargo em caso de renúncia, condenação judicial transitada em julgado ou condenação em processo administrativo disciplinar.

O processo administrativo contra o ouvidor somente poderá ser instaurado pelo titular do órgão da Administração Pública direta ao qual a agência está vinculada, por sua iniciativa ou do titular da Controladoria Geral da União, em decorrência de representação promovida pelo conselho diretor ou pela diretoria colegiada da respectiva agência. Ocorrendo vacância no cargo de ouvidor durante o mandato, o sucessor será investido na forma prevista na Lei nº 13.848/2019 para exercer o cargo pelo prazo remanescente, admitida a recondução se tal prazo for igual ou inferior a dois anos.

A ouvidoria da agência reguladora de serviço público tem a atribuição de zelar pela qualidade e pela tempestividade dos serviços prestados pela agência, acompanhar o processo interno de apuração de denúncias e reclamações dos interessados contra a atuação da agência, elaborar relatório anual de ouvidoria sobre as atividades da agência, receber, analisar e responder pedidos de informações, esclarecimentos e reclamações dos usuários do serviço público e demais cidadãos, respondê-las diretamente aos interessados, propor a adoção de medidas para a defesa dos direitos dos usuários do serviço público, formular e encaminhar denúncias contra atos praticados pelas empresas do setor regulado e promover a participação dos usuários e cidadãos na agência visando o aperfeiçoamento das atividades desenvolvidas pela mesma.

Os relatórios da ouvidoria deverão ser encaminhados ao conselho diretor ou à diretoria colegiada da agência reguladora de serviço público, que poderá se manifestar no prazo de vinte dias úteis. Transcorrido o prazo para a manifestação, o ouvidor deverá encaminhar os relatórios e a respectiva manifestação, se houver, ao titular do órgão da Administração Pública direta a que a agência estiver vinculada, à Câmara dos Deputados, ao Senado Federal e ao Tribunal de Contas da União, bem como divulgá-los no sítio da agência na internet.

Os relatórios da ouvidoria da agência reguladora de serviço público não terão caráter impositivo, cabendo ao conselho diretor ou à diretoria colegiada deliberar, em última instância, a respeito dos temas relacionados ao setor de atuação da agência.

Na agência reguladora de serviço público onde exista conselho consultivo, o mesmo é integrado por representantes indicados pelo Poder Legislativo, Poder Executivo, pelas entidades de classe das empresas prestadoras de serviços públicos regulados, por entidades representativas dos usuários e por entidades representativas da sociedade. Os seus integrantes não serão remunerados e terão mandatos fixos. Tem a atribuição de opinar sobre o plano geral de metas para universalização de serviço público prestado e aconselhar quanto à sua instituição ou sua eliminação, apreciar os relatórios anuais do conselho diretor ou da diretoria colegiada, requerer informação e fazer proposição a respeito das ações do conselho diretor ou da diretoria colegiada.

Na realização de consulta pública, a agência reguladora de serviço púbico objetiva a obtenção de contribuições e subsídios através da participação escrita da sociedade para legitimar e fundamentar as suas ações sobre assuntos de seu interesse definidos previamente. Serve para levar os usuários do serviço público e demais cidadãos a identificar de forma ampla os aspectos relevantes da matéria levada à audiência pública, propiciar a eles a possibilidade de encaminhar suas sugestões e dar publicidade e transparência às atividades desenvolvidas pela agência.

As minutas e as propostas de alteração de atos normativos de interesse geral das empresas reguladas e usuários dos serviços prestados serão objeto de consulta pública previamente à tomada de decisão pelo conselho diretor ou pela diretoria colegiada da agência reguladora de serviço público.

Na agência reguladora de serviço público, a consulta pública é o instrumento de apoio à tomada de decisão por meio do qual a sociedade é consultada previamente por quaisquer interessados através do envio de críticas, sugestões e contribuições sobre proposta de norma regulatória aplicável ao setor de atuação da agência.

O período de consulta pública terá início após a publicação do respectivo despacho ou aviso de abertura no Diário Oficial da União e no sítio da agência na internet e terá duração mínima de quarenta e cinco dias, salvo em caso excepcional de urgência e relevância devidamente motivado ou a exigência de prazo diferente prevista na legislação específica da agência reguladora de serviço público, acordo ou tratado internacional.

A agência reguladora de serviço público deverá disponibilizar, na sede e no seu sítio na internet, quando do início da consulta pública, o relatório de análise de impacto regulatório, os estudos, os dados e o material técnico usados como fundamento para as propostas submetidas à consulta pública, ressalvados aqueles de caráter sigiloso.

As críticas e as sugestões encaminhadas pelos interessados deverão ser disponibilizadas na sede da agência e no seu sítio na internet em até dez dias úteis após o término do prazo da consulta pública, Já o posicionamento da agência reguladora de serviço público sobre as críticas ou as contribuições apresentadas no processo de consulta pública deverá ser disponibilizado também na sede da agência e no seu sítio na internet em até trinta dias úteis após a reunião do conselho diretor ou da diretoria colegiada para deliberação final sobre a matéria.

Ao órgão responsável no Ministério da Economia compete opinar quando considerar pertinente sobre os impactos regulatórios de minutas e propostas de alteração de atos normativos de interesse geral das empresas do setor regulado e usuários dos serviços prestados, submetidas a consulta pública pela agência reguladora de serviço público.

No âmbito da agência reguladora de serviço público a audiência pública visa dar conhecimento prévio dos atos regulatórios aos usuários do serviço público e demais cidadãos de forma direta pessoalmente ou de forma indireta representado por organização ou associação legalmente reconhecida, dando-lhes a possibilidade de fazer sugestões e críticas. Dessa maneira, os interessados poderão ser informados de forma específica sobre as situações que afetam os seus direitos, podendo emitir opiniões e sugestões na tentativa de melhorá-las, possibilitando à agência uma atuação com maior qualidade e eficiência no atendimento do interesse público.

A audiência pública é o instrumento de apoio à tomada de decisão por meio do qual é facultada a manifestação oral por quaisquer interessados em sessão pública previamente destinada a debater matéria relevante. Por decisão colegiada, a agência reguladora de serviço público poderá convocar audiência pública para formação de juízo e tomada de decisão sobre matéria considerada relevante.

A abertura do período de audiência pública será precedida de despacho ou aviso de abertura publicado no Diário Oficial da União e em outros meios de comunicação com antecedência mínima de cinco dias úteis. A agência reguladora de serviço público deverá disponibilizar em local específico e no seu sítio na internet com antecedência mínima de cinco dias úteis do início do período de audiência pública, os documentos para as propostas de ato normativo submetidas à audiência pública, o relatório de análise de impacto regulatório, os estudos, os dados e o material técnico que as tenha fundamentado, ressalvados aqueles de caráter sigiloso. Já para outras propostas submetidas à audiência pública, a nota técnica ou o documento equivalente que as tenha fundamentado.

Sendo que o posicionamento da agência reguladora de serviço público sobre as críticas ou as contribuições apresentadas no processo de audiência pública deverá ser disponibilizado na sede da agência e no seu sítio na internet em até trinta dias úteis após a reunião do conselho diretor ou da diretoria colegiada para deliberação final sobre a matéria.

A agência reguladora de serviço público poderá estabelecer em seu regimento interno outros meios de participação de interessados em suas decisões, diretamente ou por meio de organizações e associações legalmente reconhecidas.

Os relatórios da audiência pública e de outros meios de participação de interessados nas decisões deverão ser disponibilizados na sede da agência e no seu sítio na internet em até trinta dias úteis após o seu encerramento. Nos casos de grande complexidade o prazo poderá ser prorrogado uma única vez por igual período, justificadamente.

O direito de petição previsto no artigo 5º, inciso XXXIV, da Constituição Federal de 1988 também é um instrumento de controle social da agência reguladora de serviço público que poderá ser exercido pelos usuários do serviço público e demais cidadãos na defesa de seus direitos nos casos em que os atos da agência forem praticados com abuso de poder ou ilegalidade.

3.3.2.4 - CONTROLE PELO PODER LEGISLATIVO

O Poder Legislativo controla os atos da agência reguladora de serviço público e exige dela justificativa para as suas decisões. O controle se dá através convocação pelo Poder Legislativo ou qualquer de suas comissões, inclusive as Comissões Parlamentares de Inquérito, para comparecimento de dirigente da agência para prestar pessoalmente informações sobre assunto previamente determinado, sendo que a ausência sem justificação adequada importa em crime de responsabilidade.

O controle parlamentar pode se dar também através da mesa diretora do Poder Legislativo mediante o encaminhamento de pedido de informações por escrito a dirigente da agência reguladora de serviço público e a recusa ou não atendimento do pedido e a prestação de informações falsas importa em crime de responsabilidade.

Esse controle parlamentar pode se dar previamente por ocasião do exame do projeto de lei que criou a agência reguladora de serviço público, quando foram definidas as suas atribuições, organização e forma de composição de seu conselho diretor ou diretoria colegiada. Após a criação da agência, o controle poderá incidir sobre ela de maneira ilimitada, abrangendo toda a atividade desenvolvida, incluindo aquela prevista para realizar-se futuramente, ressalvando nesse caso a necessidade do sigilo requerido em razão das questões reguladas.

No exercício do controle parlamentar poderá ser questionada não somente a administração interna da agência reguladora de serviço público, mas também a exigência de justificativa para as suas decisões regulatórias produzidas, fiscalizando inclusive o processo administrativo que levou a elas. Podendo exigir inclusive amplas informações sobre as justificativas técnico-científicas sobre as opções adotadas nas decisões proferidas.

Ao controlar as atividades normativas desenvolvidas pela agência reguladora de serviço público, o Poder Legislativo verifica se elas estão de acordo com a legislação vigente e se foram praticadas por pessoas detentoras de legitimidade para tal. Caso contrário, pode sustar os efeitos do ato normativo ilegal, paralisando os seus efeitos exorbitantes, porém, sem revogá-lo ou anulá-lo. Isso se dá para que se possa alcançar os ideais de justiça e a atividade regulatória atenda ao interesse público.

3.3.2.5 - CONTROLE PELO PODER JUDICIÁRIO

Em razão do disposto no artigo 5º, inciso XXXV da Constituição Federal de 1988, compete ao Poder Judiciário exercer o controle sobre as atividades desenvolvidas pela agência reguladora de serviço público através de provocação de usuários do serviço público e demais cidadãos interessados, objetivando a prevenção ou repressão de atos regulatórios e omissões contrárias à legislação e aos princípios constitucionais vigentes.

Com efeito, todas as decisões emitidas pela agência reguladora de serviço público poderão ser examinadas pelo Poder Judiciário nos casos em que ocorrer provocação de usuários do serviço público e demais cidadãos interessados, sendo assegurado o devido processo legal, o contraditório e a ampla defesa.

O controle jurisdicional da agência reguladora de serviço público abrange as atividades desenvolvidas por ela em discordância com a legislação e os princípios constitucionais vigentes que seja capaz de causar ameaça ou lesão a direito. Assim, esse controle analisará a legalidade e moralidade dos atos administrativos praticados e apreciará as decisões regulatórias proferidas pela agência para dirimir conflitos porventura existentes.

Na agência reguladora de serviço público o controle realizado pelo Poder Judiciário poderá suspender o ato regulatório praticado com o objetivo de cessar os seus efeitos, anulá-lo para invalidá-lo desde o momento em que ele foi praticado e ainda impor à agência uma obrigação para que ela pratique ou deixe de praticar ato regulatório que tende a atingir o interesse de pessoa específica.

Uma vez provocado, o Poder Judiciário poderá fazer uma análise completa do ato regulatório, fiscalizando inclusive o processo que antecede a expedição do ato, exigindo informações sobre a opção escolhida e sua justificativa técnica ou científica pertinente. Poderá verificar se a agência reguladora de serviço público tomou todas as providências imprescindíveis no desempenho eficiente das suas atribuições.

O controle jurisdicional concederá legitimidade à atividade normativa da agência reguladora de serviço público na medida em que tende a impedi-la de expedir atos regulatórios desarrazoados ou arbitrários, pois poderá provocar a suspensão ou anulação do ato praticado pela agência ou ainda aplicar-lhe a determinação de cumprimento de uma obrigação judicial.

CONCLUSÃO

Por tudo o que foi mostrado acima, conclui-se que tanto a concessão de serviço público comum (Lei nº 8.987/1995) assim como a parceria público-privada (Lei nº 11.079/2004) são instrumentos que a Administração Pública dispõe, utilizando a iniciativa privada, para prestar serviço público visando satisfazer as necessidades coletivas da população.

Quando surge a necessidade de se criar um serviço público para suprir as carências de determinado contingente populacional, a Administração Pública não dispondo de recursos monetários suficientes, propõe à iniciativa privada a implantação e o gerenciamento de determinado serviço público, através de exploração remunerada que tanto pode ser por tarifa recebida dos usuários, por tarifa complementada por recursos públicos ou apenas por recursos provenientes do cofre público.

Tendo em vista que nem sempre a Administração Pública pode pelos seus próprios meios gerir serviços públicos que não sejam aqueles que se relacionem intimamente com as suas atribuições características (segurança, polícia, higiene e saúde pública, etc.), as concessões tem uma importância fundamental na medida em que, por meio delas, a Administração Pública pode atender a extensa demanda da sociedade por serviços de qualidade sem precisar dispor de recursos próprios em montante elevado.

Os serviços públicos prestados aos seus usuários no regime de concessão devem ser efetuados de forma adequada, satisfazendo as condições de regularidade, continuidade, segurança, generalidade, atualidade, eficiência, modicidade de tarifa e cortesia na prestação.

Não sendo a concessão de serviço público comum suficiente para atender de maneira adequada a demanda de prestação de serviços públicos de qualidade, a parceria público-privada poderá ser a alternativa viável para atrair o investidor privado. Como nenhuma das duas representa a solução definitiva para a prestação de serviço público eficiente e econômica, cabe à Administração Pública identificar com amparo na legislação pertinente a forma de concessão mais ajustada para o projeto a ser empreendido visando atender melhor ao interesse público.

A interação dos setores público e privado através das parcerias público-privadas pode aumentar a qualidade e eficiência nos serviços públicos prestados, dar mais transparência aos gastos públicos e reduzir a pressão sobre o orçamento governamental, bem como propiciar a realização de serviços públicos imprescindíveis à população e a melhoria da infraestrutura.

Neste contexto, se insere a agência reguladora de serviço público a quem é atribuída a função principal de regular, organizar e fiscalizar a prestação de serviços públicos por empresa concessionária ou parceira privada, objetivando garantir o direito do usuário de receber a prestação de serviço de qualidade e eficiente, mediante o pagamento de tarifa módica.

Por derradeiro, urge que a Administração Pública se volte mais efetivamente para as atividades próprias do Estado, deixando os serviços públicos de caráter empresarial com a iniciativa privada, para serem realizados através de concessões cujos contratos devem conter cláusulas que protejam os usuários contra os abusos das concessionárias ou parceiras privadas, exigindo destas, regularidade e eficiência nos serviços públicos que executam.

REFERÊNCIAS BIBLIOGRÁFICAS

ARAGÃO, Alexandre Santos de. Agências Reguladoras e a evolução do Direito administrativo econômico. 3ª ed. Rio de Janeiro: Forense, 2013.

_______. Direito dos Serviços Públicos. 4ª ed. Belo Horizonte: Fórum, 2017.

ARAÚJO, Edmir Netto de. Curso de Direito Administrativo. 8ª ed. São Paulo: Saraiva, 2018.

BANDEIRA DE MELLO, Celso Antônio. Curso de Direito Administrativo. 34ª ed. São Paulo: Malheiros, 2019.

BRASIL. Decreto-Lei nº 200, de 25 de fevereiro de 1967. Dispõe sobre a organização da Administração Federal, estabelece diretrizes para a Reforma Administrativa e dá outras providências. Publicado no Diário Oficial da União em 27/02/1967.

_______. Constituição da República Federativa do Brasil de 1988. Publicada no Diário Oficial da União em 05/10/1988.

_______. Lei nº 8.666, de 21 de junho de 1993. Regulamenta o artigo 37, inciso XXI, da Constituição Federal de 1988, institui normas para licitações e contratos da Administração Pública e dá outras providências. Publicada no Diário Oficial da União em 22/06/1993.

_______. Lei nº 8.987, de 13 de fevereiro de 1995. Dispõe sobre o regime de concessão e permissão da prestação de serviços públicos, previsto no artigo 175 da Constituição Federal de 1988 e dá outras providências. Publicada no Diário Oficial da União em 14/02/1995.

_______. Lei nº 9.074, de 07 de julho de 1995. Estabelece normas para outorga e prorrogações das concessões e permissões de serviços públicos e dá outras providências. Publicada no Diário Oficial da União em 08/07/1995.

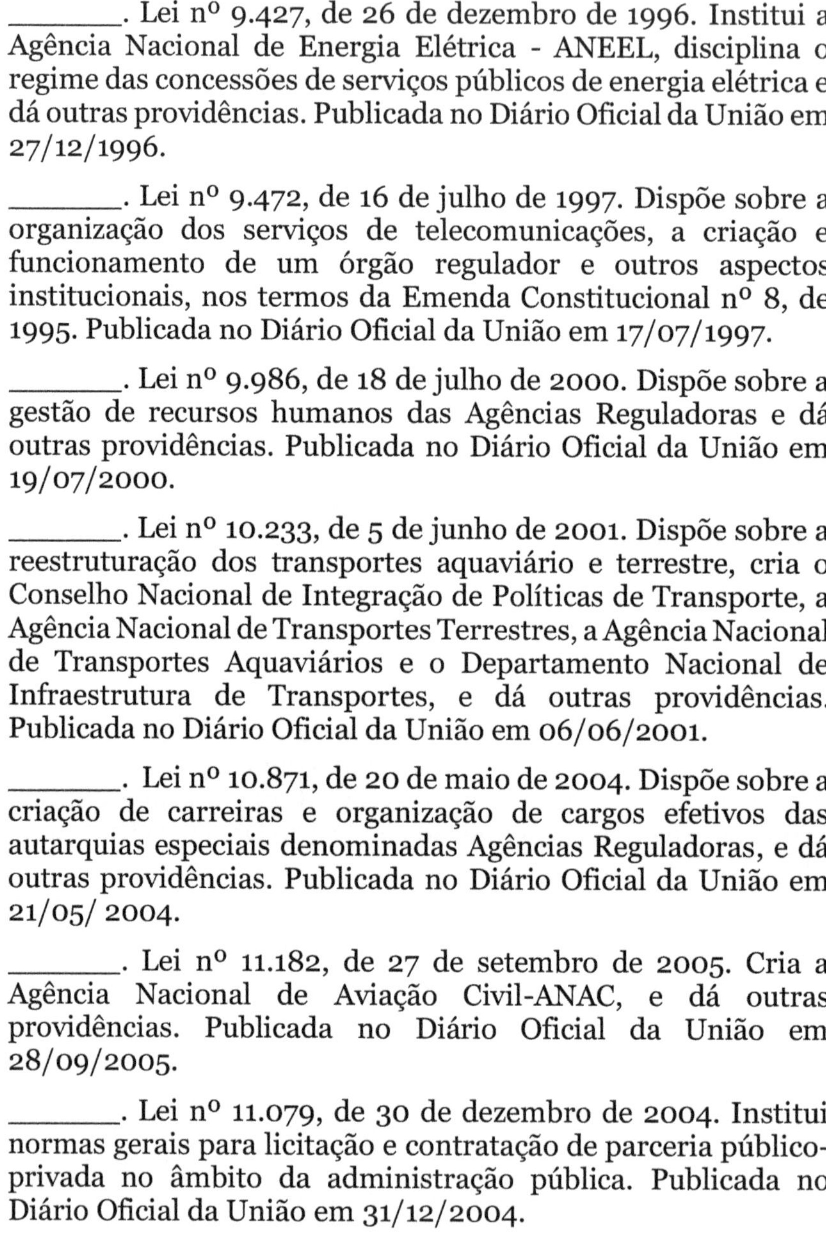

______. Lei nº 9.427, de 26 de dezembro de 1996. Institui a Agência Nacional de Energia Elétrica - ANEEL, disciplina o regime das concessões de serviços públicos de energia elétrica e dá outras providências. Publicada no Diário Oficial da União em 27/12/1996.

______. Lei nº 9.472, de 16 de julho de 1997. Dispõe sobre a organização dos serviços de telecomunicações, a criação e funcionamento de um órgão regulador e outros aspectos institucionais, nos termos da Emenda Constitucional nº 8, de 1995. Publicada no Diário Oficial da União em 17/07/1997.

______. Lei nº 9.986, de 18 de julho de 2000. Dispõe sobre a gestão de recursos humanos das Agências Reguladoras e dá outras providências. Publicada no Diário Oficial da União em 19/07/2000.

______. Lei nº 10.233, de 5 de junho de 2001. Dispõe sobre a reestruturação dos transportes aquaviário e terrestre, cria o Conselho Nacional de Integração de Políticas de Transporte, a Agência Nacional de Transportes Terrestres, a Agência Nacional de Transportes Aquaviários e o Departamento Nacional de Infraestrutura de Transportes, e dá outras providências. Publicada no Diário Oficial da União em 06/06/2001.

______. Lei nº 10.871, de 20 de maio de 2004. Dispõe sobre a criação de carreiras e organização de cargos efetivos das autarquias especiais denominadas Agências Reguladoras, e dá outras providências. Publicada no Diário Oficial da União em 21/05/ 2004.

______. Lei nº 11.182, de 27 de setembro de 2005. Cria a Agência Nacional de Aviação Civil-ANAC, e dá outras providências. Publicada no Diário Oficial da União em 28/09/2005.

______. Lei nº 11.079, de 30 de dezembro de 2004. Institui normas gerais para licitação e contratação de parceria público-privada no âmbito da administração pública. Publicada no Diário Oficial da União em 31/12/2004.

______. Advocacia-Geral da União. Parecer AGU nº AC-51, de 12 de junho de 2006. Deliberação da ANTAQ. Agência Reguladora. Competência e recurso hierárquico impróprio. Divergência entre o Ministério e a Agência. Publicado no Diário Oficial da União em 19/06/2006.

______. Lei nº 13.848, de 25 de junho de 2019. Dispõe sobre a gestão, a organização, o processo decisório e o controle social das agências reguladoras, altera a Lei nº 9.427, de 26 de dezembro de 1996, a Lei nº 9.472, de 16 de julho de 1997, a Lei nº 9.478, de 6 de agosto de 1997, a Lei nº 9.782, de 26 de janeiro de 1999, a Lei nº 9.961, de 28 de janeiro de 2000, a Lei nº 9.984, de 17 de julho de 2000, a Lei nº 9.986, de 18 de julho de 2000, a Lei nº 10.233, de 5 de junho de 2001, a Medida Provisória nº 2.228-1, de 6 de setembro de 2001, a Lei nº 11.182, de 27 de setembro de 2005 e a Lei nº 10.180, de 6 de fevereiro de 2001. Publicada no Diário Oficial da União em 26/06/2019.

CARVALHO FILHO, José dos Santos. Manual de Direito Administrativo. 33ª ed. São Paulo: Atlas, 2019.

CAVALCANTI, Temístocles Brandão. Curso de Direito Administrativo. 10ª ed. Rio de Janeiro: Freitas Bastos, 1977.

CAETANO, Marcello. Manual de Direito Administrativo. 10ª ed. Coimbra: Almedina, 2008.

CRETELLA JR., José. Curso de Direito Administrativo. 18ª ed. Rio de Janeiro: Forense, 2006.

DI PIETRO, Maria Sylvia Zanella. Direito Administrativo. 32ª ed. Rio de Janeiro: Forense, 2019.

______. Parcerias na Administração Pública: Concessão, Permissão, Franquia, Terceirização, Parceria Público-Privada e Outras Formas. 12ª ed. Rio de Janeiro: Forense, 2019.

FRANCO SOBRINHO, Manoel de Oliveira. Contratos Administrativos. São Paulo: Saraiva, 1981.

GONÇALVES, Pedro. A Concessão de Serviços Públicos: Uma Aplicação da Técnica Concessória. Coimbra: Almedina, 1999.

GRAU, Eros Roberto. A Ordem Econômica na Constituição de 1988. 19ª ed. São Paulo: Malheiros, 2018.

JUSTEN FILHO, Marçal. Curso de Direito Administrativo. 13ª ed. São Paulo: Revista dos Tribunais, 2018.

MASAGÃO, Mário. Curso de Direito Administrativo. 6ª ed. São Paulo: Revista dos Tribunais, 1977.

______. Natureza Jurídica das Concessões de Serviço Público. São Paulo: Saraiva, 1933.

MAZZA, Alexandre. Manual Direito Administrativo. 9ª ed. São Paulo: Saraiva, 2019.

MEDAUAR, Odete, Direito Administrativo Moderno. 20ª Edição, São Paulo: Revista dos Tribunais, 2016.

MEIRELLES, Hely Lopes. Direito Administrativo Brasileiro. 43ª ed. São Paulo: Malheiros, 2018.

MOREIRA NETO, Diogo Figueiredo. Curso de Direito Administrativo. 16ª ed. Rio de Janeiro: Forense, 2014.

RIBEIRO, Manoel. Direito Administrativo. Salvador: Itapuã, 1964.

SIMAS, Henrique de Carvalho. Manual Elementar de Direito Administrativo. 2ª ed. Rio de Janeiro: Freitas Bastos, 1992.

SOUTO, Marcos Juruena Villela, Direito Administrativo Regulatório, 2ª ed. Rio de Janeiro: Lumen Iuris, 2005.

TACITO, Caio. Direito Administrativo. São Paulo: Saraiva, 1975.

www.ingramcontent.com/pod-product-compliance
Ingram Content Group UK Ltd.
Pitfield, Milton Keynes, MK11 3LW, UK
UKHW041852190726
13854UKWH00002B/845

9 786590 120038